50 LANGUAGES

English (USA) – Romanian
for beginners

IMPRINT / IMPRESSUM

Johannes Schumann:
50LANGUAGES: English (USA) - Romanian for beginners
EAN-13 (ISBN-13): 978-1-64018-097-0

Inquiries / Anfragen:
info@50languages.com
info@goethe-verlag.com

Table of contents

1 [one]

1 [unu]

People

Persoane

I	eu
I and you	eu şi tu
both of us	noi doi
he	el
he and she	el şi ea
they both	ei doi
the man	bărbatul
the woman	femeia
the child	copilul
a family	o familie
my family	familia mea
My family is here.	Familia mea este aici.
I am here.	Eu sunt aici.
You are here.	Tu eşti aici.
He is here and she is here.	El este aici şi ea este aici.
We are here.	Noi suntem aici.
You are here.	Voi sunteţi aici.
They are all here.	Ei sunt toţi aici.

2 [two]

Family Members

2 [doi]

Familia

the grandfather	bunicul
the grandmother	bunica
he and she	el şi ea
the father	tatăl
the mother	mama
he and she	el şi ea
the son	fiul
the daughter	fiica
he and she	el şi ea
the brother	fratele
the sister	sora
he and she	el şi ea
the uncle	unchiul
the aunt	mătuşa
he and she	el şi ea
We are a family.	Noi suntem o familie.
The family is not small.	Familia nu este mică.
The family is big.	Familia este numeroasă.

3 [three]

Getting to know others

3 [trei]

A face cunoştinţă

Hi!	Ceau!
Hello!	Bună ziua!
How are you?	Cum îţi merge?
Do you come from Europe?	Veniţi din Europa?
Do you come from America?	Veniţi din America?
Do you come from Asia?	Veniţi din Asia?
In which hotel are you staying?	În care hotel locuiţi?
How long have you been here for?	De când sunteţi aici?
How long will you be staying?	Cât rămâneţi?
Do you like it here?	Vă place aici?
Are you here on vacation?	Vă petreceţi concediul aici?
Please do visit me sometime!	Să mă vizitaţi!
Here is my address.	Aici este adresa mea.
Shall we see each other tomorrow?	Ne vedem mâine?
I am sorry, but I already have plans.	Îmi pare rău, dar deja am planuri.
Bye!	Ceau!
Good bye!	La revedere!
See you soon!	Pe curând!

4 [four] | 4 [patru]

At school | La şcoală

Where are we?	Unde suntem?
We are at school.	Suntem la şcoală.
We are having class / a lesson.	Avem cursuri.
Those are the school children.	Aceştia sunt elevii.
That is the teacher.	Aceasta este profesoara.
That is the class.	Aceasta este clasa.
What are we doing?	Ce facem?
We are learning.	Învăţăm.
We are learning a language.	Învăţăm o limbă.
I learn English.	Eu învăţ engleză.
You learn Spanish.	Tu înveţi spaniolă.
He learns German.	El învaţă germană.
We learn French.	Noi învăţăm franceză.
You all learn Italian.	Voi învăţaţi italiană.
They learn Russian.	Ei învaţă rusă.
Learning languages is interesting.	Învăţarea limbilor este interesantă.
We want to understand people.	Noi vrem să înţelegem oamenii.
We want to speak with people.	Noi vrem să vorbim cu oamenii.

5 [five]

Countries and Languages

5 [cinci]

Ţări şi limbi

John is from London.
London is in Great Britain.
He speaks English.

John este din Londra.
Londra este în Marea Britanie.
El vorbeşte engleza.

Maria is from Madrid.
Madrid is in Spain.
She speaks Spanish.

Maria este din Madrid.
Madrid este în Spania.
Ea vorbeşte spaniola.

Peter and Martha are from Berlin.
Berlin is in Germany.
Do both of you speak German?

Peter şi Martha sunt din Berlin.
Berlin este în Germania.
Amândoi vorbiţi germană?

London is a capital city.
Madrid and Berlin are also capital cities.
Capital cities are big and noisy.

Londra este o capitală.
Şi Madrid şi Berlin sunt capitale.
Capitalele sunt mari şi zgomotoase.

France is in Europe.
Egypt is in Africa.
Japan is in Asia.

Franţa se află în Europa.
Egipt se află în Africa.
Japonia se află în Asia.

Canada is in North America.
Panama is in Central America.
Brazil is in South America.

Canada se află în America de Nord.
Panama se află în America Centrală.
Brazilia se află în America de Sud.

6 [six] — 6 [şase]

Reading and writing — Citit şi scris

I read.	Eu citesc.
I read a letter.	Eu citesc o literă.
I read a word.	Eu citesc un cuvânt.
I read a sentence.	Eu citesc o propoziţie.
I read a letter.	Eu citesc o scrisoare.
I read a book.	Eu citesc o carte.
I read.	Eu citesc.
You read.	Tu citeşti.
He reads.	El citeşte.
I write.	Eu scriu.
I write a letter / character.	Eu scriu o literă.
I write a word.	Eu scriu un cuvânt.
I write a sentence.	Eu scriu o propoziţie.
I write a letter.	Eu scriu o scrisoare.
I write a book.	Eu scriu o carte.
I write.	Eu scriu.
You write.	Tu scrii.
He writes.	El scrie.

7 [seven] 7 [şapte]

Numbers Numere

I count:
one, two, three
I count to three.

Eu număr:
unu, doi, trei
Eu număr până la trei.

I count further:
four, five, six,
seven, eight, nine

Eu număr mai departe:
patru, cinci, şase,
şapte, opt, nouă

I count.
You count.
He counts.

Eu număr.
Tu numeri.
El numără.

One. The first.
Two. The second.
Three. The third.

Unu. Primul.
Doi. Al doilea.
Trei. Al treilea.

Four. The fourth.
Five. The fifth.
Six. The sixth.

Patru. Al Patrulea.
Cinci. Al cincilea.
Şase. Al şaselea.

Seven. The seventh.
Eight. The eighth.
Nine. The ninth.

Şapte. Al şaptelea.
Opt. Al optulea.
Nouă. Al nouălea.

8 [eight] | 8 [opt]

The time | Ora

Excuse me! | Scuzaţi-mă!
What time is it, please? | Cât este ora, vă rog?
Thank you very much. | Mulţumesc mult.

It is one o'clock. | Este ora unu.
It is two o'clock. | Este ora doi.
It is three o'clock. | Este ora trei.

It is four o'clock. | Este ora patru.
It is five o'clock. | Este ora cinci.
It is six o'clock. | Este ora şase.

It is seven o'clock. | Este ora şapte.
It is eight o'clock. | Este ora opt.
It is nine o'clock. | Este ora nouă.

It is ten o'clock. | Este ora zece.
It is eleven o'clock. | Este ora unsprezece.
It is twelve o'clock. | Este ora doisprezece.

A minute has sixty seconds. | Un minut are şaizeci de secunde.
An hour has sixty minutes. | O oră are şaizeci de minute.
A day has twenty-four hours. | O zi are douăzeci şi patru de ore.

9 [nine]

9 [nouă]

Days of the week

Zilele săptămânii

Monday	luni
Tuesday	marţi
Wednesday	miercuri
Thursday	joi
Friday	vineri
Saturday	sâmbătă
Sunday	duminică
the week	săptămâna
from Monday to Sunday	de luni până duminică
The first day is Monday.	Prima zi este luni.
The second day is Tuesday.	A doua zi este marţi.
The third day is Wednesday.	A treia zi este miercuri.
The fourth day is Thursday.	A patra zi este joi.
The fifth day is Friday.	A cincea zi este vineri.
The sixth day is Saturday.	A şasea zi este sâmbătă.
The seventh day is Sunday.	A şaptea zi este duminică.
The week has seven days.	Săptămâna are şapte zile.
We only work for five days.	Noi lucrăm doar cinci zile.

10 [ten]

Yesterday – today – tomorrow

10 [zece]

Ieri – azi – mâine

Yesterday was Saturday.
I was at the cinema yesterday.
The film was interesting.

Ieri a fost sâmbătă.
Ieri am fost la cinematograf.
Filmul a fost interesant.

Today is Sunday.
I'm not working today.
I'm staying at home.

Azi este duminică.
Astăzi nu lucrez.
Eu rămân acasă.

Tomorrow is Monday.
Tomorrow I will work again.
I work at an office.

Mâine este luni.
Mâine lucrez din nou.
Eu lucrez la birou.

Who is that?
That is Peter.
Peter is a student.

Cine este acesta?
Acesta este Peter.
Peter este student.

Who is that?
That is Martha.
Martha is a secretary.

Cine este aceasta?
Aceasta este Martha.
Martha este secretară.

Peter and Martha are friends.
Peter is Martha's friend.
Martha is Peter's friend.

Peter şi Martha sunt prieteni.
Peter este prietenul Marthei.
Martha este prietena lui Peter.

11 [eleven]

Months

11 [unsprezece]

Lunile

January
February
March

April
May
June

These are six months.
January, February, March,
April, May and June.

July
August
September

October
November
December

These are also six months.
July, August, September,
October, November and December.

ianuarie
februarie
martie

aprilie
mai
iunie

Acestea sunt şase luni.
ianuarie, februarie, martie,
aprilie, mai, iunie.

iulie
august
septembrie

octombrie
noiembrie
decembrie

Acestea sunt tot şase luni.
iulie, august, septembrie
octombrie, noiembrie şi decembrie.

12 [twelve]

Beverages

12 [doisprezece]

Băuturi

I drink tea.	Eu beau ceai.
I drink coffee.	Eu beau cafea.
I drink mineral water.	Eu beau apă minerală.
Do you drink tea with lemon?	Bei ceai cu lămâie?
Do you drink coffee with sugar?	Bei cafea cu zahăr?
Do you drink water with ice?	Bei apă cu gheaţă?
There is a party here.	Aici este o petrecere.
People are drinking champagne.	Oamenii beau şampanie.
People are drinking wine and beer.	Oamenii beau vin şi bere.
Do you drink alcohol?	Bei alcool?
Do you drink whisky / whiskey (am.)?	Bei whisky?
Do you drink Coke with rum?	Bei cola cu rom?
I do not like champagne.	Mie nu-mi place şampania.
I do not like wine.	Mie nu-mi place vinul.
I do not like beer.	Mie nu-mi place berea.
The baby likes milk.	Bebeluşului îi place laptele.
The child likes cocoa and apple juice.	Copilului îi place cacaoa şi sucul de mere.
The woman likes orange and grapefruit juice.	Femeii îi place sucul de portocale şi cel de grapefruit.

13 [thirteen]

13 [treisprezece]

Activities

Activităţi

What does Martha do?
She works at an office.
She works on the computer.

Ce face Martha?
Ea lucrează în birou.
Ea lucrează la calculator.

Where is Martha?
At the cinema.
She is watching a film.

Unde este Martha?
La cinematograf.
Se uită la un film.

What does Peter do?
He studies at the university.
He studies languages.

Ce face Peter?
El studiază la universitate.
El studiază limbi.

Where is Peter?
At the café.
He is drinking coffee.

Unde este Peter?
În cafenea.
El bea cafea.

Where do they like to go?
To a concert.
They like to listen to music.

Unde merg ei cu plăcere?
La concert.
Ei ascultă cu plăcere muzică.

Where do they not like to go?
To the disco.
They do not like to dance.

Unde nu merg ei cu plăcere?
La discotecă.
Ei nu dansează cu plăcere.

14 [fourteen]

14 [paisprezece]

Colors

Culori

Snow is white.
The sun is yellow.
The orange is orange.

Zăpada este albă.
Soarele este galben.
Portocala este portocalie.

The cherry is red.
The sky is blue.
The grass is green.

Cireaşa este roşie.
Cerul este albastru.
Iarba este verde.

The earth is brown.
The cloud is grey / gray (am.).
The tyres / tires (am.) are black.

Pământul este maro.
Norul este gri.
Cauciucurile sunt negre.

What colour / color (am.) is the snow? White.
What colour / color (am.) is the sun? Yellow.
What colour / color (am.) is the orange? Orange.

Ce culoare are zăpada? Albă.
Ce culoare are soarele? Galbenă.
Ce culoare are portocala? Portocalie.

What colour / color (am.) is the cherry? Red.
What colour / color (am.) is the sky? Blue.
What colour / color (am.) is the grass? Green.

Ce culoare are cireaşa? Roşie.
Ce culoare are cerul? Albastră.
Ce culoare are iarba? Verde.

What colour / color (am.) is the earth? Brown.
What colour / color (am.) is the cloud? Grey / Gray (am.).
What colour / color (am.) are the tyres / tires (am.)? Black.

Ce culoare are pământul? Maro.
Ce culoare are norul? Gri.
Ce culoare au cauciucurile? Neagră.

15 [fifteen]

Fruits and food

15 [cincisprezece]

Fructe şi alimente

I have a strawberry.
I have a kiwi and a melon.
I have an orange and a grapefruit.

Eu am o căpşună.
Eu am un kiwi şi un pepene.
Eu am o portocală şi un grapefruit.

I have an apple and a mango.
I have a banana and a pineapple.
I am making a fruit salad.

Eu am un măr şi un mango.
Eu am o banană şi un ananas.
Eu fac o salată de fructe.

I am eating toast.
I am eating toast with butter.
I am eating toast with butter and jam.

Eu mănânc o pâine prăjită.
Eu mănânc o pâine prăjită cu unt.
Eu mănânc o pâine prăjită cu unt şi gem.

I am eating a sandwich.
I am eating a sandwich with margarine.
I am eating a sandwich with margarine and tomatoes.

Eu mănânc un sandviş.
Eu mănânc un sandviş cu margarină.
Eu mănânc un sandviş cu margarină şi roşii.

We need bread and rice.
We need fish and steaks.
We need pizza and spaghetti.

Noi avem nevoie de pâine şi orez.
Noi avem nevoie de peşte şi friptură.
Noi avem nevoie de pizza şi spaghete.

What else do we need?
We need carrots and tomatoes for the soup.
Where is the supermarket?

De ce mai avem nevoie?
Avem nevoie de morcovi şi roşii pentru supă.
Unde este un supermarket?

16 [sixteen]

16 [şaisprezece]

Seasons and Weather

Anotimpuri şi vreme

These are the seasons:
Spring, summer,
autumn / fall (am.) and winter.

Acestea sunt anotimpurile:
primăvara, vara,
toamna şi iarna.

The summer is warm.
The sun shines in summer.
We like to go for a walk in summer.

Vara este fierbinte.
Vara bate soarele.
Vara mergem să ne plimbăm cu plăcere.

The winter is cold.
It snows or rains in winter.
We like to stay home in winter.

Iarna este rece.
Iarna ninge sau plouă.
Iarna stăm cu plăcere acasă.

It is cold.
It is raining.
It is windy.

Este rece.
Plouă.
Bate vântul.

It is warm.
It is sunny.
It is pleasant.

Este cald.
Este însorit.
Este senin.

What is the weather like today?
It is cold today.
It is warm today.

Cum este astăzi vremea?
Astăzi este rece.
Astăzi este cald.

17 [seventeen]

Around the house

17 [şaptesprezece]

În casă

Our house is here.	Aici este casa noastră.
The roof is on top.	Sus este acoperişul.
The basement is below.	Jos este pivniţa.
There is a garden behind the house.	În spatele casei este o grădină.
There is no street in front of the house.	În faţa casei nu este nicio stradă.
There are trees next to the house.	Lângă casă sunt pomi.
My apartment is here.	Aici este locuinţa mea.
The kitchen and bathroom are here.	Aici sunt bucătăria şi baia.
The living room and bedroom are there.	Acolo este camera de zi şi dormitorul.
The front door is closed.	Uşa casei este închisă.
But the windows are open.	Dar ferestrele sunt deschise.
It is hot today.	Astăzi este cald.
We are going to the living room.	Noi mergem în camera de zi.
There is a sofa and an armchair there.	Acolo este o canapea şi un fotoliu.
Please, sit down!	Aşezaţi-vă!
My computer is there.	Acolo este calculatorul meu.
My stereo is there.	Acolo se află combina mea.
The TV set is brand new.	Televizorul este nou.

18 [eighteen]

House cleaning

18 [optsprezece]

Curăţenia în casă

Today is Saturday.
We have time today.
We are cleaning the apartment today.

Astăzi este sâmbătă.
Astăzi avem timp.
Astăzi curăţăm locuinţa.

I am cleaning the bathroom.
My husband is washing the car.
The children are cleaning the bicycles.

Eu curăţ baia.
Soţul meu spală maşina.
Copiii curăţă bicicletele.

Grandma is watering the flowers.
The children are cleaning up the children's room.
My husband is tidying up his desk.

Bunica udă florile.
Copiii strâng în camera copiilor.
Soţul meu îşi strânge pe birou.

I am putting the laundry in the washing machine.
I am hanging up the laundry.
I am ironing the clothes.

Eu bag rufele în maşina de spălat.
Eu întind rufele.
Eu calc rufele.

The windows are dirty.
The floor is dirty.
The dishes are dirty.

Ferestrele sunt murdare.
Podeaua este murdară.
Vasele sunt murdare.

Who washes the windows?
Who does the vacuuming?
Who does the dishes?

Cine curăţă ferestrele?
Cine aspiră praful?
Cine spală vasele?

19 [nineteen]

In the kitchen

19 [nouăsprezece]

În bucătărie

Do you have a new kitchen?	Ai o bucătărie nouă?
What do you want to cook today?	Ce vrei să găteşti astăzi?
Do you cook on an electric or a gas stove?	Găteşti electric sau cu gaz?
Shall I cut the onions?	Să tai cepele?
Shall I peel the potatoes?	Să curăţ cartofii?
Shall I rinse the lettuce?	Să spăl salata?
Where are the glasses?	Unde sunt paharele?
Where are the dishes?	Unde sunt vasele?
Where is the cutlery / silverware (am.)?	Unde sunt tacâmurile?
Do you have a tin opener / can opener (am.)?	Ai un desfăcător de conserve?
Do you have a bottle opener?	Ai un desfăcător de sticle?
Do you have a corkscrew?	Ai un tirbuşon?
Are you cooking the soup in this pot?	Găteşti supa în această oală?
Are you frying the fish in this pan?	Prăjeşti peştele în această tiga e?
Are you grilling the vegetables on this grill?	Prăjeşti legumele pe acest gril?
I am setting the table.	Eu pun masa.
Here are the knives, the forks and the spoons.	Aici sunt cuţitele, furculiţele şi lingurile.
Here are the glasses, the plates and the napkins.	Aici sunt paharele, farfuriile şi şerveţelele.

20 [twenty]

Small Talk 1

20 [douăzeci]

Small talk 1

Make yourself comfortable!	Faceţi-vă comod!
Please, feel right at home!	Simţiţi-vă ca acasă!
What would you like to drink?	Ce doriţi să beţi?
Do you like music?	Iubiţi muzica?
I like classical music.	Mie îmi place muzica clasică.
These are my CD's.	Aici sunt cd-urile mele.
Do you play a musical instrument?	Cântaţi la un instrument?
This is my guitar.	Aici este chitara mea.
Do you like to sing?	Cântaţi cu plăcere?
Do you have children?	Aveţi copii?
Do you have a dog?	Aveţi un câine?
Do you have a cat?	Aveţi o pisică?
These are my books.	Aici sunt cărţile mele.
I am currently reading this book.	Eu tocmai citesc această carte.
What do you like to read?	Ce citiţi cu plăcere?
Do you like to go to concerts?	Mergeţi cu plăcere la concert?
Do you like to go to the theatre / theater (am.)?	Mergeţi cu plăcere la teatru?
Do you like to go to the opera?	Mergeţi cu plăcere la operă?

21 [twenty-one]

Small Talk 2

21 [douăzeci şi unu]

Small talk 2

Where do you come from?
From Basel.
Basel is in Switzerland.

De unde veniţi?
Din Basel.
Basel se află în Elveţia.

May I introduce Mr. Miller?
He is a foreigner.
He speaks several languages.

Pot să vi-l prezint pe domnul Müller?
El este străin.
El vorbeşte mai multe limbi.

Are you here for the first time?
No, I was here once last year.
Only for a week, though.

Sunteţi pentru prima oară aici?
Nu, am fost deja anul trecut aici.
Dar numai timp de o săptămână.

How do you like it here?
A lot. The people are nice.
And I like the scenery, too.

Cum vă place la noi?
Foarte bine. Oamenii sunt drăguţi.
Şi peisajul îmi place.

What is your profession?
I am a translator.
I translate books.

Ce sunteţi de meserie?
Sunt traducător.
Traduc cărţi.

Are you alone here?
No, my wife / my husband is also here.
And those are my two children.

Sunteţi singur / ă aici?
Nu, soţia mea / soţul meu este de asemenea aici.
Şi acolo sunt cei doi copii ai mei.

22 [twenty-two]

Small Talk 3

22 [douăzeci şi doi]

Small talk 3

Do you smoke?	Fumaţi?
I used to.	Înainte da.
But I don't smoke anymore.	Dar acum nu mai fumez.
Does it disturb you if I smoke?	Vă deranjează, dacă fumez?
No, absolutely not.	Nu, absolut deloc.
It doesn't disturb me.	Asta nu mă deranjează.
Will you drink something?	Beţi ceva?
A brandy?	Un coniac?
No, preferably a beer.	Nu, mai bine o bere.
Do you travel a lot?	Călătoriţi mult?
Yes, mostly on business trips.	Da, de obicei sunt călătorii de afaceri.
But now we're on holiday.	Dar acum ne facem aici concediul.
It's so hot!	Ce căldură!
Yes, today it's really hot.	Da, astăzi este chiar foarte cald.
Let's go to the balcony.	Să mergem pe balcon.
There's a party here tomorrow.	Mâine facem aici o petrecere.
Are you also coming?	Veniţi şi dumneavoastră?
Yes, we've also been invited.	Da, şi noi suntem invitaţi.

23 [twenty-three]

Learning foreign languages

23 [douăzeci şi trei]

Învăţarea limbilor străine

Where did you learn Spanish?	Unde aţi învăţat spaniola?
Can you also speak Portuguese?	Ştiţi şi portugheza?
Yes, and I also speak some Italian.	Da, şi ştiu şi ceva italiană.
I think you speak very well.	Mi se pare că vorbiţi foarte bine.
The languages are quite similar.	Limbile sunt foarte asemănătoare.
I can understand them well.	Le pot înţelege bine.
But speaking and writing is difficult.	Dar să scrii şi să vorbeşti este foarte greu.
I still make many mistakes.	Încă mai fac multe greşeli.
Please correct me each time.	Vă rog să mă corectaţi întotdeauna.
Your pronunciation is very good.	Pronunţia dumneavoastră este foarte bună.
You only have a slight accent.	Aveţi un mic accent.
One can tell where you come from.	Se cunoaşte de unde proveniţi.
What is your mother tongue / native language (am.)?	Care este limba dumneavoastră maternă?
Are you taking a language course?	Faceţi un curs de limbi?
Which textbook are you using?	Ce instrument de învăţare utilizaţi?
I don't remember the name right now.	În acest moment nu ştiu cum se numeşte.
The title is not coming to me.	Nu îmi amintesc titlul.
I've forgotten it.	Asta am uitat.

24 [twenty-four]

24 [douăzeci şi patru]

Appointment

Întâlnire

Did you miss the bus?	Ai pierdut autobuzul?
I waited for you for half an hour.	Te-am aşteptat o jumătate de oră.
Don't you have a mobile / cell phone (am.) with you?	Nu ai telefonul mobil la tine?
Be punctual next time!	Să fii data viitoare punctual!
Take a taxi next time!	Să iei data viitoare un taxi!
Take an umbrella with you next time!	Să iei data viitoare o umbrelă cu tine!
I have the day off tomorrow.	Mâine sunt liber / ă.
Shall we meet tomorrow?	Ne întâlnim mâine?
I'm sorry, I can't make it tomorrow.	Îmi pare rău, dar mâine nu pot eu.
Do you already have plans for this weekend?	Ai planuri pentru weekendul acesta?
Or do you already have an appointment?	Sau ai deja o întâlnire?
I suggest that we meet on the weekend.	Îţi propun să ne întâlnim în weekend.
Shall we have a picnic?	Facem un picnic?
Shall we go to the beach?	Mergem la ştrand?
Shall we go to the mountains?	Mergem la munte?
I will pick you up at the office.	Te iau de la birou.
I will pick you up at home.	Te iau de acasă.
I will pick you up at the bus stop.	Te iau din staţia de autobuz.

25 [twenty-five] | 25 [douăzeci şi cinci]

In the city | În oraş

I would like to go to the station.	Vreau să merg la gară.
I would like to go to the airport.	Vreau să merg la aeroport.
I would like to go to the city centre / center (am.).	Vreau să merg în centrul oraşului.
How do I get to the station?	Cum ajung la gară?
How do I get to the airport?	Cum ajung la aeroport?
How do I get to the city centre / center (am.)?	Cum ajung în centrul oraşului?
I need a taxi.	Am nevoie de un taxi.
I need a city map.	Am nevoie de o hartă.
I need a hotel.	Am nevoie de un hotel.
I would like to rent a car.	Vreau să închiriez o maşină.
Here is my credit card.	Aici este cartea mea de credit.
Here is my licence / license (am.).	Aici este permisul meu auto.
What is there to see in the city?	Ce este de văzut în oraş?
Go to the old city.	Mergeţi în centrul istoric.
Go on a city tour.	Faceţi un tur al oraşului.
Go to the harbour / harbor (am.).	Mergeţi în port.
Go on a harbour / harbor (am.) tour.	Faceţi un tur al portului.
Are there any other places of interest?	Ce obiective turistice mai există?

26 [twenty-six]

In nature

26 [douăzeci şi şase]

În natură

Do you see the tower there?
Do you see the mountain there?
Do you see the village there?

Vezi acolo turnul?
Vezi acolo muntele?
Vezi acolo satul?

Do you see the river there?
Do you see the bridge there?
Do you see the lake there?

Vezi acolo râul?
Vezi acolo podul?
Vezi acolo lacul?

I like that bird.
I like that tree.
I like this stone.

Pasărea aceea îmi place.
Pomul acela îmi place.
Piatra aceea îmi place.

I like that park.
I like that garden.
I like this flower.

Parcul acela îmi place.
Grădina aceea îmi place.
Florile acelea îmi plac.

I find that pretty.
I find that interesting.
I find that gorgeous.

Mi se pare drăguţ.
Mi se pare interesant.
Mi se pare foarte frumos.

I find that ugly.
I find that boring.
I find that terrible.

Mi se pare urât.
Mi se pare plictisitor.
Mi se pare groaznic.

27 [twenty-seven]

In the hotel – Arrival

27 [douăzeci şi şapte]

În hotel – sosirea

Do you have a vacant room?	Aveţi o cameră liberă?
I have booked a room.	Am rezervat o cameră.
My name is Miller.	Numele meu este Müller.
I need a single room.	Am nevoie de o cameră single.
I need a double room.	Am nevoie de o cameră dublă.
What does the room cost per night?	Cât costă camera pe noapte?
I would like a room with a bathroom.	Vreau o cameră cu cadă.
I would like a room with a shower.	Vreau o cameră cu duş.
Can I see the room?	Pot să văd camera?
Is there a garage here?	Există aici un garaj?
Is there a safe here?	Există aici un seif?
Is there a fax machine here?	Există aici un fax?
Fine, I'll take the room.	Bine, iau camera.
Here are the keys.	Aici este cheia.
Here is my luggage.	Aici este bagajul meu.
What time do you serve breakfast?	La ce oră se serveşte micul dejun?
What time do you serve lunch?	La ce oră se serveşte prânzul?
What time do you serve dinner?	La ce oră se serveşte cina?

28 [twenty-eight]

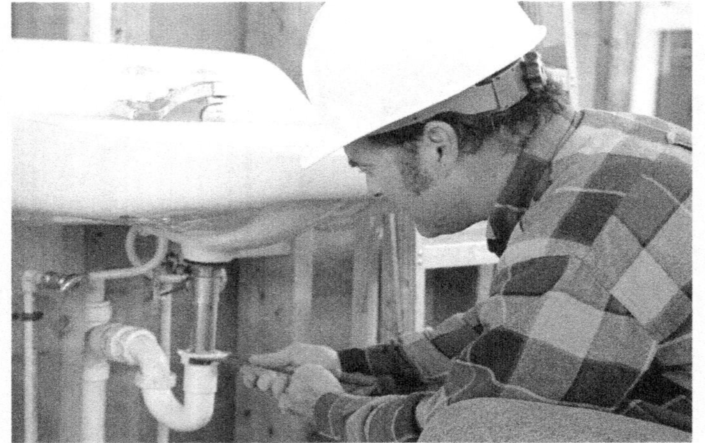

28 [douăzeci şi opt]

In the hotel – Complaints

În hotel – reclamaţii

The shower isn't working.	Duşul nu funcţionează.
There is no warm water.	Nu este apă caldă.
Can you get it repaired?	Se poate repara?
There is no telephone in the room.	Nu există telefon în cameră.
There is no TV in the room.	Nu există televizor în cameră.
The room has no balcony.	Camera nu are balcon.
The room is too noisy.	Camera este prea zgomotoasă.
The room is too small.	Camera este prea mică.
The room is too dark.	Camera este prea întunecată.
The heater isn't working.	Nu funcţionează căldura.
The air-conditioning isn't working.	Nu funcţionează aerul condiţionat.
The TV isn't working.	Televizorul este stricat.
I don't like that.	Asta nu îmi place.
That's too expensive.	Este prea scump.
Do you have anything cheaper?	Aveţi şi ceva mai ieftin?
Is there a youth hostel nearby?	Este pe aici prin apropiere un hotel pentru tineri?
Is there a boarding house / a bed and breakfast nearby?	Este pe aici prin apropiere o pensiune?
Is there a restaurant nearby?	Este pe aici prin apropiere un restaurant?

29 [twenty-nine]

29 [douăzeci şi nouă]

At the restaurant 1

La restaurant 1

Is this table taken?	Este liberă masa?
I would like the menu, please.	Îmi aduceţi vă rog un meniu.
What would you recommend?	Ce îmi puteţi recomanda?
I'd like a beer.	Aş dori o bere.
I'd like a mineral water.	Aş dori o apă minerală.
I'd like an orange juice.	Aş dori un suc de portocale.
I'd like a coffee.	Aş dori o cafea.
I'd like a coffee with milk.	Aş dori o cafea cu lapte.
With sugar, please.	Cu zahăr, vă rog.
I'd like a tea.	Doresc un ceai.
I'd like a tea with lemon.	Doresc un ceai cu lămâie.
I'd like a tea with milk.	Doresc un ceai cu lapte.
Do you have cigarettes?	Aveţi ţigări?
Do you have an ashtray?	Aveţi o scrumieră?
Do you have a light?	Aveţi foc?
I'm missing a fork.	Îmi lipseşte o furculiţă.
I'm missing a knife.	Îmi lipseşte un cuţit.
I'm missing a spoon.	Îmi lipseşte o lingură.

30 [thirty]

At the restaurant 2

30 [treizeci]

La restaurant 2

An apple juice, please.
A lemonade, please.
A tomato juice, please.

Un suc de mere, vă rog.
O limonadă, vă rog.
Un suc de roşii, vă rog.

I'd like a glass of red wine.
I'd like a glass of white wine.
I'd like a bottle of champagne.

Aş dori un pahar cu vin roşu.
Aş dori un pahar cu vin alb.
Aş dori o sticlă de şampanie.

Do you like fish?
Do you like beef?
Do you like pork?

Îţi place peştele?
Îţi place carnea de vită?
Îţi place carnea de porc?

I'd like something without meat.
I'd like some mixed vegetables.
I'd like something that won't take much time.

Aş dori ceva fără carne.
Aş dori un platou de legume.
Aş dori ceva ce nu durează mult.

Would you like that with rice?
Would you like that with pasta?
Would you like that with potatoes?

Doriţi cu orez?
Doriţi cu paste?
Doriţi cu cartofi?

That doesn't taste good.
The food is cold.
I didn't order this.

Asta nu-mi place.
Mâncarea este rece.
Nu asta am comandat.

31 [thirty-one]

At the restaurant 3

31 [treizeci şi unu]

La restaurant 3

I would like a starter.
I would like a salad.
I would like a soup.

Doresc un aperitiv.
Doresc o salată.
Doresc o supă.

I would like a dessert.
I would like an ice cream with whipped cream.
I would like some fruit or cheese.

Doresc un desert.
Doresc o îngheţată cu frişcă.
Doresc fructe sau brânză.

We would like to have breakfast.
We would like to have lunch.
We would like to have dinner.

Vrem să luăm micul dejun.
Vrem să mâncăm prânzul.
Vrem să cinăm.

What would you like for breakfast?
Rolls with jam and honey?
Toast with sausage and cheese?

Ce doriţi la micul dejun?
Chiflă cu gem şi miere?
Pâine prăjită cu salam şi brânză?

A boiled egg?
A fried egg?
An omelette?

Un ou fiert?
Un ochi?
O omletă?

Another yoghurt, please.
Some salt and pepper also, please.
Another glass of water, please.

Vă rog încă un iaurt.
Vă rog încă sare şi piper.
Vă rog un pahar cu apă.

32 [thirty-two]

At the restaurant 4

32 [treizeci şi doi]

La restaurant 4

I'd like chips / French fries (am.) with ketchup.
And two with mayonnaise.
And three sausages with mustard.

O porţie de cartofi prăjiţi cu ketchup.
Şi două cu maioneză.
Şi trei porţii de cârnaţi prăjiţi cu muştar.

What vegetables do you have?
Do you have beans?
Do you have cauliflower?

Ce fel de legume aveţi?
Aveţi fasole?
Aveţi conopidă?

I like to eat (sweet) corn.
I like to eat cucumber.
I like to eat tomatoes.

Eu mănânc cu plăcere porumb.
Eu mănânc cu plăcere castraveţi.
Eu mănânc cu plăcere roşii.

Do you also like to eat leek?
Do you also like to eat sauerkraut?
Do you also like to eat lentils?

Mâncaţi şi praz cu plăcere?
Mâncaţi şi varză murată cu plăcere?
Mâncaţi şi linte cu plăcere?

Do you also like to eat carrots?
Do you also like to eat broccoli?
Do you also like to eat peppers?

Mănânci şi tu morcovi cu plăcere?
Mănânci şi tu broccoli cu plăcere?
Mănânci şi tu ardei cu plăcere?

I don't like onions.
I don't like olives.
I don't like mushrooms.

Mie nu-mi place ceapa.
Mie nu-mi plac măslinele.
Mie nu-mi plac ciupercile.

33 [thirty-three]

At the train station

33 [treizeci şi trei]

În gară

When is the next train to Berlin?
When is the next train to Paris?
When is the next train to London?

Când pleacă următorul tren spre Berlin?
Când pleacă următorul tren spre Paris?
Când pleacă următorul tren spre Londra?

When does the train for Warsaw leave?
When does the train for Stockholm leave?
When does the train for Budapest leave?

La ce oră pleacă trenul spre Varşovia?
La ce oră pleacă trenul spre Stockholm?
La ce oră pleacă trenul spre Budapesta?

I'd like a ticket to Madrid.
I'd like a ticket to Prague.
I'd like a ticket to Bern.

Aş dori un bilet spre Madrid.
Aş dori un bilet spre Praga.
Aş dori un bilet spre Berna.

When does the train arrive in Vienna?
When does the train arrive in Moscow?
When does the train arrive in Amsterdam?

Când ajunge trenul în Viena?
Când ajunge trenul în Moscova?
Când ajunge trenul în Amsterdam?

Do I have to change trains?
From which platform does the train leave?
Does the train have sleepers?

Trebuie să schimb trenul?
De pe care linie pleacă trenul?
Există vagoane de dormit în tren?

I'd like a one-way ticket to Brussels.
I'd like a return ticket to Copenhagen.
What does a berth in the sleeper cost?

Vreau numai un bilet dus spre Bruxelles.
Doresc un bilet dus-întors spre Kopenhaga.
Cât costă un loc în vagonul de dormit?

34 [thirty-four]

On the train

34 [treizeci şi patru]

În tren

Is that the train to Berlin?	Acesta este trenul spre Berlin?
When does the train leave?	Când pleacă trenul?
When does the train arrive in Berlin?	Când ajunge trenul la Berlin?
Excuse me, may I pass?	Scuzaţi-mă, pot să trec?
I think this is my seat.	Cred că acesta este locul meu.
I think you're sitting in my seat.	Cred că staţi pe locul meu.
Where is the sleeper?	Unde este vagonul de dormit?
The sleeper is at the end of the train.	Vagonul de dormit este la capătul trenului.
And where is the dining car? – At the front.	Şi unde este vagonul restaurant? – În faţă.
Can I sleep below?	Pot să dorm jos?
Can I sleep in the middle?	Pot să dorm la mijloc?
Can I sleep at the top?	Pot să dorm sus?
When will we get to the border?	Când ajungem la graniţă?
How long does the journey to Berlin take?	Cât durează călătoria până la Berlin?
Is the train delayed?	Are trenul întârziere?
Do you have something to read?	Aveţi ceva de citit?
Can one get something to eat and to drink here?	Se poate primi aici ceva de mâncat şi de băut?
Could you please wake me up at 7 o'clock?	Mă treziţi vă rog la ora 7.00?

35 [thirty-five]

35 [treizeci şi cinci]

At the airport

La aeroport

I'd like to book a flight to Athens.
Is it a direct flight?
A window seat, non-smoking, please.

Vreau să rezerv un zbor spre Atena.
Este un zbor direct?
Vă rog un loc la geam, nefumători.

I would like to confirm my reservation.
I would like to cancel my reservation.
I would like to change my reservation.

Vreau să confirm rezervarea mea.
Vreau să anulez rezervarea mea.
Vreau să schimb rezervarea mea.

When is the next flight to Rome?
Are there two seats available?
No, we have only one seat available.

Când pleacă următorul avion spre Roma?
Mai sunt două locuri libere?
Nu, mai avem numai un loc liber.

When do we land?
When will we be there?
When does a bus go to the city centre / center (am.)?

Când aterizăm?
Când ajungem?
Când pleacă un autobuz spre centru oraşului?

Is that your suitcase?
Is that your bag?
Is that your luggage?

Acesta este geamantanul dumneavoastră?
Acesta este geanta dumneavoastră?
Acesta este bagajul dumneavoastră?

How much luggage can I take?
Twenty kilos.
What? Only twenty kilos?

Cât bagaj pot lua cu mine?
Douăzeci de kilograme.
Ce, numai douăzeci de kilograme?

36 [thirty-six]

Public transportation

36 [treizeci şi şase]

Transport public local

Where is the bus stop?	Unde este staţia de autobuz?
Which bus goes to the city centre / center (am.)?	Care autobuz merge în centru?
Which bus do I have to take?	Ce rută trebuie să urmez ?
Do I have to change?	Trebuie să schimb autobuzul?
Where do I have to change?	Unde trebuie să schimb autobuzul?
How much does a ticket cost?	Cât costă un bilet de călătorie?
How many stops are there before downtown / the city centre?	Câte staţii sunt până în centru?
You have to get off here.	Trebuie să coborâţi aici.
You have to get off at the back.	Trebuie să coborâţi prin spate.
The next train is in 5 minutes.	Următorul metrou vine în 5 minute.
The next tram is in 10 minutes.	Următorul tramvai vine în 10 minute.
The next bus is in 15 minutes.	Următorul autobuz vine în 15 minute.
When is the last train?	Când pleacă ultimul metrou?
When is the last tram?	Când pleacă ultimul tramvai?
When is the last bus?	Când pleacă ultimul autobuz?
Do you have a ticket?	Aveţi un bilet de călătorie?
A ticket? – No, I don’t have one.	Un bilet de călătorie? – Nu, nu am.
Then you have to pay a fine.	Atunci trebuie să plătiţi o amendă.

37 [thirty-seven]

37 [treizeci şi şapte]

En route

La drum

He drives a motorbike.
He rides a bicycle.
He walks.

Merge cu motocicleta.
Merge cu bicicleta.
Merge pe jos.

He goes by ship.
He goes by boat.
He swims.

Merge cu vaporul.
Merge cu barca.
El înoată.

Is it dangerous here?
Is it dangerous to hitchhike alone?
Is it dangerous to go for a walk at night?

Este periculos aici?
Este periculos să faci singur autostopul?
Este periculos să mergi noaptea la plimbare?

We got lost.
We're on the wrong road.
We must turn around.

Ne-am rătăcit.
Suntem pe drumul greşit.
Trebuie să întoarcem.

Where can one park here?
Is there a parking lot here?
How long can one park here?

Unde se poate aici parca?
Există aici un loc de parcare?
Cât timp se poate parca aici?

Do you ski?
Do you take the ski lift to the top?
Can one rent skis here?

Schiaţi?
Urcaţi cu telegondola ?
Se pot închiria aici schiuri?

38 [thirty-eight]

38 [treizeci şi opt]

In the taxi

În taxi

Please call a taxi.	Chemaţi vă rog un taxi.
What does it cost to go to the station?	Cât costă până la gară?
What does it cost to go to the airport?	Cât costă până la aeroport?
Please go straight ahead.	Vă rog drept înainte.
Please turn right here.	Vă rog aici la dreapta.
Please turn left at the corner.	Vă rog acolo la colţ la stânga.
I'm in a hurry.	Mă grăbesc.
I have time.	Am timp.
Please drive slowly.	Vă rog să conduceţi mai încet.
Please stop here.	Vă rog să opriţi aici.
Please wait a moment.	Aşteptaţi un moment vă rog.
I'll be back immediately.	Mă întorc imediat.
Please give me a receipt.	Vă rog să-mi daţi o chitanţă.
I have no change.	Nu am bani mărunţi.
That is okay, please keep the change.	Este bine aşa, restul este pentru dumneavoastră.
Drive me to this address.	Duceţi-mă la această adresă.
Drive me to my hotel.	Duceţi-mă la hotelul meu.
Drive me to the beach.	Duceţi-mă la ştrand.

39 [thirty-nine]

Car breakdown

39 [treizeci şi nouă]

Pană auto

Where is the next gas station?
I have a flat tyre / tire (am.).
Can you change the tyre / tire (am.)?

Unde este următoarea benzinărie?
Am o pană de cauciuc.
Puteţi schimba roata?

I need a few litres / liters (am.) of diesel.
I have no more petrol / gas (am.).
Do you have a petrol can / jerry can / gas can (am.)?

Îmi trebuie câţiva litri de motorină.
Nu mai am benzină.
Aveţi o canistră de rezervă?

Where can I make a call?
I need a towing service.
I'm looking for a garage.

De unde pot da un telefon?
Îmi trebuie un serviciu de remorcare.
Caut un service auto.

An accident has occurred.
Where is the nearest telephone?
Do you have a mobile / cell phone (am.) with you?

S-a întâmplat un accident.
Unde este următorul telefon?
Aveţi un telefon mobil la dumneavoastră?

We need help.
Call a doctor!
Call the police!

Avem nevoie de ajutor.
Chemaţi un medic!
Chemaţi poliţia!

Your papers, please.
Your licence / license (am.), please.
Your registration, please.

Actele dumneavoastră, vă rog.
Carnetul dumneavoastră de conducere, vă rog.
Certificatul dumneavoastră de înregistrare, vă rog.

40 [forty]	40 [patruzeci]
Asking for directions	**Indicaţii de drum**

Excuse me!	Scuzaţi-mă!
Can you help me?	Mă puteţi ajuta?
Is there a good restaurant around here?	Unde este aici un restaurant bun?
Take a left at the corner.	Mergeţi la stânga după colţ.
Then go straight for a while.	Mergeţi apoi puţin drept înainte.
Then go right for a hundred metres / meters (am.).	Mergeţi apoi o sută de metri la dreapta.
You can also take the bus.	Puteţi lua şi autobuzul.
You can also take the tram.	Puteţi lua şi tramvaiul.
You can also follow me with your car.	Puteţi pur şi simplu să mă urmaţi.
How do I get to the football / soccer (am.) stadium?	Cum ajung la stadionul de fotbal?
Cross the bridge!	Treceţi podul!
Go through the tunnel!	Mergeţi prin tunel!
Drive until you reach the third traffic light.	Mergeţi până la al treilea semafor.
Then turn into the first street on your right.	Viraţi prima stradă la dreapta.
Then drive straight through the next intersection.	Mergeţi apoi drept înainte la următoarea intersecţie.
Excuse me, how do I get to the airport?	Scuzaţi-mă, cum ajung la aeroport?
It is best if you take the underground / subway (am.).	Cel mai bine luaţi metroul.
Simply get out at the last stop.	Mergeţi până la ultima staţie.

41 [forty-one] | 41 [patruzeci şi unu]

Where is ... ? / Orientare

Where is the tourist information office?	Unde este biroul de informaţii pentru turişti?
Do you have a city map for me?	Aveţi pentru mine o hartă a oraşului?
Can one reserve a room here?	Se poate rezerva aici o cameră de hotel?
Where is the old city?	Unde este centrul istoric?
Where is the cathedral?	Unde este domul?
Where is the museum?	Unde este muzeul?
Where can one buy stamps?	De unde se pot cumpăra timbre poştale?
Where can one buy flowers?	De unde se pot cumpăra flori?
Where can one buy tickets?	De unde se pot cumpăra bilete de călătorie?
Where is the harbour / harbor (am.)?	Unde este portul?
Where is the market?	Unde este piaţa?
Where is the castle?	Unde este castelul?
When does the tour begin?	Când începe turul cu ghid?
When does the tour end?	Când se termină turul cu ghid?
How long is the tour?	Cât durează turul cu ghid?
I would like a guide who speaks German.	Doresc un ghid care vorbeşte limba germană.
I would like a guide who speaks Italian.	Doresc un ghid care vorbeşte limba italiană.
I would like a guide who speaks French.	Doresc un ghid care vorbeşte limba franceză.

42 [forty-two]

City tour

42 [patruzeci şi doi]

Vizitarea oraşului

Is the market open on Sundays?
Is the fair open on Mondays?
Is the exhibition open on Tuesdays?

Este deschisă piaţa duminica?
Este deschis târgul lunea?
Este deschisă expoziţia marţea?

Is the zoo open on Wednesdays?
Is the museum open on Thursdays?
Is the gallery open on Fridays?

Este deschisă grădina zoologică miercurea?
Este deschis muzeul joia?
Este deschisă galeria vinerea?

Can one take photographs?
Does one have to pay an entrance fee?
How much is the entrance fee?

Se poate fotografia?
Trebuie plătită intrare?
Cât costă intrarea?

Is there a discount for groups?
Is there a discount for children?
Is there a discount for students?

Există o reducere pentru grupuri?
Există o reducere pentru copii?
Există o reducere pentru studenţi?

What building is that?
How old is the building?
Who built the building?

Ce fel de clădire este aceasta?
Cât de veche este clădirea?
Cine a construit clădirea?

I'm interested in architecture.
I'm interested in art.
I'm interested in paintings.

Mă interesează arhitectura.
Mă interesează arta.
Mă interesează pictura.

43 [forty-three]

At the zoo

43 [patruzeci şi trei]

La gradina zoologică

The zoo is there.
The giraffes are there.
Where are the bears?

Where are the elephants?
Where are the snakes?
Where are the lions?

I have a camera.
I also have a video camera.
Where can I find a battery?

Where are the penguins?
Where are the kangaroos?
Where are the rhinos?

Where is the toilet / restroom (am.)?
There is a café over there.
There is a restaurant over there.

Where are the camels?
Where are the gorillas and the zebras?
Where are the tigers and the crocodiles?

Acolo este grădina zoologică.
Acolo sunt girafele.
Unde sunt urşii?

Unde sunt elefanţii?
Unde sunt şerpii?
Unde sunt leii?

Am un aparat foto.
Am şi o cameră de filmat.
Unde este o baterie?

Unde sunt pinguinii?
Unde sunt cangurii?
Unde sunt rinocerii?

Unde este o toaletă?
Acolo este o cafenea.
Acolo este un restaurant.

Unde sunt cămilele?
Unde sunt gorilele şi zebrele?
Unde sunt tigrii şi crocodilii?

44 [forty-four]

Going out in the evening

44 [patruzeci şi patru]

Să ieşi seara în oraş

Is there a disco here?	Este aici o discotecă?
Is there a nightclub here?	Este aici un club de noapte?
Is there a pub here?	Este aici un bar?
What's playing at the theatre / theater (am.) this evening?	Ce spectacol este în seara asta la teatru?
What's playing at the cinema / movies (am.) this evening?	Ce film rulează în seara asta la cinematograf?
What's on TV this evening?	Ce program este în seara asta la televizor?
Are tickets for the theatre / theater (am.) still available?	Mai sunt bilete pentru teatru?
Are tickets for the cinema / movies (am.) still available?	Mai sunt bilete pentru cinematograf?
Are tickets for the football / soccer am. game still available?	Mai sunt bilete pentru meciul de fotbal?
I want to sit in the back.	Vreau să stau în spate de tot.
I want to sit somewhere in the middle.	Vreau să stau undeva în mijloc.
I want to sit at the front.	Vreau să stau în faţă de tot.
Could you recommend something?	Îmi puteţi recomanda ceva?
When does the show begin?	Când începe reprezentaţia?
Can you get me a ticket?	Îmi puteţi face rost de un bilet?
Is there a golf course nearby?	Este aici în apropiere un teren de golf?
Is there a tennis court nearby?	Este aici în apropiere un teren de tenis?
Is there an indoor swimming pool nearby?	Este aici în apropiere o piscină acoperită?

45 [forty-five]

45 [patruzeci şi cinci]

At the cinema

La cinematograf

We want to go to the cinema. — Vrem să mergem la cinematograf.
A good film is playing today. — Astăzi rulează un film bun.
The film is brand new. — Filmul este nou.

Where is the cash register? — Unde este casieria?
Are seats still available? — Mai sunt locuri libere?
How much are the admission tickets? — Cât costă biletele de intrare?

When does the show begin? — Când începe reprezentaţia?
How long is the film? — Cât durează filmul?
Can one reserve tickets? — Se pot rezerva bilete?

I want to sit at the back. — Vreau să stau în spate.
I want to sit at the front. — Vreau să stau în faţă.
I want to sit in the middle. — Vreau să stau la mijloc.

The film was exciting. — Filmul a fost captivant.
The film was not boring. — Filmul nu a fost plictisitor.
But the book on which the film was based was better. — Dar cartea aferentă filmului a fost mai bună.

How was the music? — Cum a fost muzica?
How were the actors? — Cum au fost actorii?
Were there English subtitles? — Există subtitrări în limba engleză?

46 [forty-six]

In the discotheque

46 [patruzeci şi şase]

La discotecă

Is this seat taken?
May I sit with you?
Sure.

Este liber locul acesta?
Pot să mă aşez lângă dumneavoastră?
Cu plăcere.

How do you like the music?
A little too loud.
But the band plays very well.

Cum vi se pare muzica?
Un pic prea tare.
Dar formaţia cântă foarte bine.

Do you come here often?
No, this is the first time.
I've never been here before.

Sunteţi adesea aici?
Nu, asta e prima dată.
Nu am mai fost niciodată aici.

Would you like to dance?
Maybe later.
I can't dance very well.

Dansaţi?
Mai târziu poate.
Nu ştiu să dansez aşa de bine.

It's very easy.
I'll show you.
No, maybe some other time.

Este foarte simplu.
Vă arăt.
Nu, mai bine altădată.

Are you waiting for someone?
Yes, for my boyfriend.
There he is!

Aşteptaţi pe cineva?
Da, pe prietenul meu.
Uite că vine!

47 [forty-seven]

47 [patruzeci şi şapte]

Preparing a trip

Pregătiri de vacanţă

You have to pack our suitcase! Don't forget anything! You need a big suitcase!	Trebuie să ne faci bagajul! Nu ai voie să uiţi nimic! Îţi trebuie un geamantan mare!
Don't forget your passport! Don't forget your ticket! Don't forget your traveller's cheques / traveler's checks (am.)!	Nu uita paşaportul! Nu uita biletul de avion! Nu uita cecurile de călătorie!
Take some suntan lotion with you. Take the sun-glasses with you. Take the sun hat with you.	Ia cu tine crema de soare. Ia cu tine ochelarii de soare. Ia cu tine pălăria de soare.
Do you want to take a road map? Do you want to take a travel guide? Do you want to take an umbrella?	Vrei să iei cu tine o hartă? Vrei să iei cu tine un ghid? Vrei să iei cu tine o umbrelă?
Remember to take pants, shirts and socks. Remember to take ties, belts and sports jackets. Remember to take pyjamas, nightgowns and t-shirts.	Gândeşte-te la pantaloni, cămăşi, şosete. Gândeşte-te la cravate, curele, sacouri. Gândeşte-te la pijamale, cămăşi de noapte şi tricouri.
You need shoes, sandals and boots. You need handkerchiefs, soap and a nail clipper. You need a comb, a toothbrush and toothpaste.	Îţi trebuie pantofi, sandale şi cizme. Îţi trebuie batiste, săpun şi o foarfecă de unghii. Îţi trebuie un pieptene, o perie de dinţi şi pastă de dinţi.

48 [forty-eight]

48 [patruzeci şi opt]

Vacation activities

Activităţi de vacanţă

Is the beach clean?
Can one swim there?
Isn't it dangerous to swim there?

Este curat ştrandul?
Se poate face acolo baie?
Nu este periculos să faci acolo baie?

Can one rent a sun umbrella / parasol here?
Can one rent a deck chair here?
Can one rent a boat here?

Se poate închiria aici o umbrelă de soare?
Se poate închiria aici un şezlong?
Se poate închiria aici o barcă?

I would like to surf.
I would like to dive.
I would like to water ski.

Mi-ar plăcea să fac surfing.
Mi-ar plăcea să fac scufundări.
Mi-ar plăcea să fac schi nautic.

Can one rent a surfboard?
Can one rent diving equipment?
Can one rent water skis?

Se poate închiria aici un surf?
Se poate închiria aici un echipament de scufundări?
Se poate închiria aici un jetschi?

I'm only a beginner.
I'm moderately good.
I'm pretty good at it.

Sunt abia începător.
Sunt la nivel mediu.
Mă pricep deja la aşa ceva.

Where is the ski lift?
Do you have skis?
Do you have ski boots?

Unde este schiliftul?
Ai schiuri la tine?
Ai clăpari la tine?

49 [forty-nine]

Sports

49 [patruzeci şi nouă]

Sport

Do you exercise?
Yes, I need some exercise.
I am a member of a sports club.

Practici sport?
Da, trebuie să fac mişcare.
Merg la un club de sport.

We play football / soccer (am.).
We swim sometimes.
Or we cycle.

Jucăm fotbal.
Câteodată înotăm.
Sau ne plimbăm cu bicicleta.

There is a football / soccer (am.) stadium in our city.
There is also a swimming pool with a sauna.
And there is a golf course.

În oraşul nostru există un stadion de fotbal.
Există şi o piscină cu saună.
Şi există un teren de golf.

What is on TV?
There is a football / soccer (am.) match on now.
The German team is playing against the English one.

Ce este la televizor?
Tocmai transmit un meci de fotbal.
Echipa germană joacă împotriva celei englezeşti.

Who is winning?
I have no idea.
It is currently a tie.

Cine câştigă?
Nu am habar.
Momentan este egal.

The referee is from Belgium.
Now there is a penalty.
Goal! One – zero!

Arbitrul este din Belgia.
Acum se execută o lovitură de la unsprezece metri.
Gol! Unu la zero!

50 [fifty]

In the swimming pool

50 [cincizeci]

La piscină

It is hot today.
Shall we go to the swimming pool?
Do you feel like swimming?

Astăzi este cald.
Mergem la piscină?
Ai chef să mergi să înoţi?

Do you have a towel?
Do you have swimming trunks?
Do you have a bathing suit?

Ai un prosop?
Ai un slip de baie?
Ai un costum de baie?

Can you swim?
Can you dive?
Can you jump in the water?

Ştii să înoţi?
Ştii să faci scufundări?
Ştii să sari în apă?

Where is the shower?
Where is the changing room?
Where are the swimming goggles?

Unde este duşul?
Unde este cabina de schimb?
Unde sunt ochelarii de înot?

Is the water deep?
Is the water clean?
Is the water warm?

Este adâncă apa?
Este curată apa?
Este caldă apa?

I am freezing.
The water is too cold.
I am getting out of the water now.

Mi-e frig.
Apa este prea rece.
Ies acuma din apă.

51 [fifty-one]

51 [cincizeci şi unu]

Running errands

A face comisioane

I want to go to the library.	Vreau să merg la bibliotecă.
I want to go to the bookstore.	Vreau să merg la librărie.
I want to go to the newspaper stand.	Vreau să merg la chioşc.
I want to borrow a book.	Vreau să împrumut o carte.
I want to buy a book.	Vreau să cumpăr o carte.
I want to buy a newspaper.	Vreau să cumpăr un ziar.
I want to go to the library to borrow a book.	Vreau să merg la bibliotecă ca să împrumut o carte.
I want to go to the bookstore to buy a book.	Vreau să merg la librărie ca să cumpăr o carte.
I want to go to the kiosk / newspaper stand to buy a newspaper.	Vreau să merg la chioşc ca să cumpăr un ziar.
I want to go to the optician.	Vreau să merg la optician.
I want to go to the supermarket.	Vreau să merg la supermarket.
I want to go to the bakery.	Vreau să merg la brutar.
I want to buy some glasses.	Vreau să cumpăr o pereche de ochelari.
I want to buy fruit and vegetables.	Vreau să cumpăr fructe şi legume.
I want to buy rolls and bread.	Vreau să cumpăr chifle şi pâine.
I want to go to the optician to buy glasses.	Vreau să merg la optician ca să îmi cumpăr o pereche de ochelari.
I want to go to the supermarket to buy fruit and vegetables.	Vrea să merg la supermarket ca să cumpăr fructe şi legume.
I want to go to the baker to buy rolls and bread.	Vrea să merg la brutar să cumpăr chifle şi pâine.

52 [fifty-two]

52 [cincizeci şi doi]

In the department store

La magazin

Shall we go to the department store?
I have to go shopping.
I want to do a lot of shopping.

Mergem la un magazin?
Trebuie să fac cumpărături.
Vreau să cumpăr multe.

Where are the office supplies?
I need envelopes and stationery.
I need pens and markers.

Unde sunt articolele de birou?
Îmi trebuie plicuri şi hârtie de scris.
Îmi trebuie pixuri şi carioci.

Where is the furniture?
I need a cupboard and a chest of drawers.
I need a desk and a bookshelf.

Unde este mobilierul?
Am nevoie de un dulap şi de o comodă.
Am nevoie de un birou şi de un raft.

Where are the toys?
I need a doll and a teddy bear.
I need a football and a chess board.

Unde sunt jucăriile?
Îmi trebuie o păpuşă şi un ursuleţ.
Îmi trebuie o minge de fotbal şi un joc de şah.

Where are the tools?
I need a hammer and a pair of pliers.
I need a drill and a screwdriver.

Unde este unealta?
Îmi trebuie un ciocan şi un cleşte.
Îmi trebuie un burghiu şi o şurubelniţă.

Where is the jewellery / jewelry (am.) department?
I need a chain and a bracelet.
I need a ring and earrings.

Unde sunt bijuteriile?
Îmi trebuie un lănţişor şi o brăţară.
Îmi trebuie un inel şi cercei.

53 [fifty-three]

53 [cincizeci şi trei]

Shops

Magazine

We're looking for a sports shop. — Căutăm un magazin de articole sportive.
We're looking for a butcher shop. — Căutăm o măcelărie.
We're looking for a pharmacy / drugstore (am.). — Căutăm o farmacie.

We want to buy a football. — Vrem să cumpărăm o minge de fotbal.
We want to buy salami. — Vrem să cumpărăm salam.
We want to buy medicine. — Vrem să cumpărăm medicamente.

We're looking for a sports shop to buy a football. — Căutăm un magazin de articole sportive ca să cumpărăm o minge de fotbal.
We're looking for a butcher shop to buy salami. — Căutăm o măcelărie ca să cumpărăm salam.
We're looking for a drugstore to buy medicine. — Căutăm o farmacie ca să cumpărăm medicamente.

I'm looking for a jeweller / jeweler (am.). — Caut un bijutier.
I'm looking for a photo equipment store. — Caut un magazin foto.
I'm looking for a confectionery. — Caut o cofetărie.

I actually plan to buy a ring. — Am de gând să cumpăr un inel.
I actually plan to buy a roll of film. — Am de gând să cumpăr un film.
I actually plan to buy a cake. — Am de gând să cumpăr un tort.

I'm looking for a jeweler to buy a ring. — Caut un bijutier pentru a cumpăra un inel.
I'm looking for a photo shop to buy a roll of film. — Caut un magazin foto pentru a cumpăra un film.
I'm looking for a confectionery to buy a cake. — Caut o cofetărie pentru a cumpăra un tort.

54 [fifty-four]

54 [cincizeci şi patru]

Shopping

Cumpărături

I want to buy a present.
But nothing too expensive.
Maybe a handbag?

Vreau să cumpăr un cadou.
Dar nimic prea scump.
Poate o geantă?

Which color would you like?
Black, brown or white?
A large one or a small one?

Ce culoare doriţi?
Negru, maro sau alb?
Una mare sau una mică?

May I see this one, please?
Is it made of leather?
Or is it made of plastic?

Pot s-o văd pe aceasta?
Este din piele?
Sau este din material sintetic?

Of leather, of course.
This is very good quality.
And the bag is really very reasonable.

Din piele, normal.
Este o calitate deosebit de bună.
Şi geanta chiar merită preţul.

I like it.
I'll take it.
Can I exchange it if needed?

Aceea îmi place.
Pe aceea o iau.
O pot eventual schimba?

Of course.
We'll gift wrap it.
The cashier is over there.

Bineînţeles.
O împachetăm pentru cadou.
Dincolo este casieria.

55 [fifty-five]

55 [cincizeci şi cinci]

Working

Muncă

What do you do for a living?
My husband is a doctor.
I work as a nurse part-time.

We will soon receive our pension.
But taxes are high.
And health insurance is expensive.

What would you like to become some day?
I would like to become an engineer.
I want to go to college.

I am an intern.
I do not earn much.
I am doing an internship abroad.

That is my boss.
I have nice colleagues.
We always go to the cafeteria at noon.

I am looking for a job.
I have already been unemployed for a year.
There are too many unemployed people in this country.

Ce faceţi profesional?
Soţul meu este de profesie medic.
Eu lucrez cu jumătate de normă ca şi asistentă medicală.

În curând vom primi pensie.
Dar impozitele sunt mari.
Şi asigurarea medicală este scumpă.

Ce vrei să devii odată?
Vreau să devin inginer.
Vreau să studiez la universitate.

Eu sunt practicant.
Nu câştig mult.
Fac practică în străinătate.

Acesta este şeful meu.
Am colegi drăguţi.
La prânz mergem întotdeauna la cantină.

Caut un post.
Sunt deja de un an şomer.
În ţara asta sunt prea mulţi şomeri.

56 [fifty-six]

56 [cincizeci şi şase]

Feelings

Sentimente

to feel like / want to	a avea chef
We feel like. / We want to.	Noi avem chef.
We don't feel like. / We do't want to.	Noi nu avem chef.
to be afraid	a se teme
I'm afraid.	Eu mă tem.
I am not afraid.	Eu nu mă tem.
to have time	a avea timp
He has time.	El are timp.
He has no time.	El nu are timp.
to be bored	a fi leneş
She is bored.	Ea este leneşă.
She is not bored.	Ea nu este leneşă.
to be hungry	a(-ţi) fi foame
Are you hungry?	Vă este foame?
Aren't you hungry?	Nu vă este foame?
to be thirsty	a(-ţi) fi sete
They are thirsty.	Lor le este sete.
They are not thirsty.	Lor nu le este sete.

57 [fifty-seven]

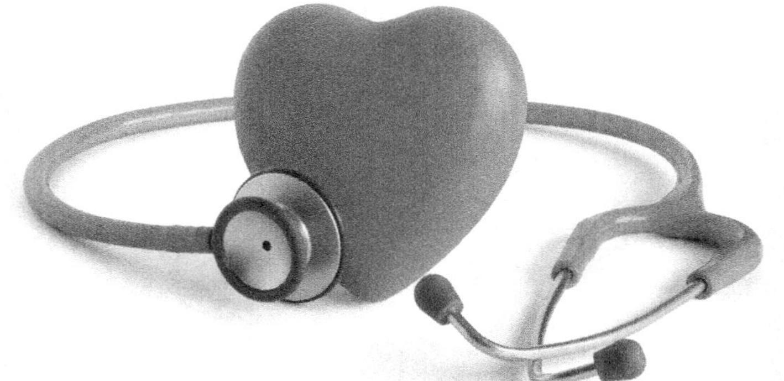

57 [cincizeci şi şapte]

At the doctor

La medic

I have a doctor's appointment.	Am o programare la medic.
I have the appointment at ten o'clock.	Am programare la ora zece.
What is your name?	Cum vă numiţi?
Please take a seat in the waiting room.	Vă rog luaţi loc în sala de aşteptare.
The doctor is on his way.	Medicul vine imediat.
What insurance company do you belong to?	Unde aveţi asigurare?
What can I do for you?	Cu ce vă pot ajuta?
Do you have any pain?	Aveţi dureri?
Where does it hurt?	Unde vă doare?
I always have back pain.	Am tot timpul dureri de spate.
I often have headaches.	Am adesea dureri de cap.
I sometimes have stomach aches.	Am câteodată dureri de burtă.
Remove your top!	Vă rog să vă dezbrăcaţi la bust.
Lie down on the examining table.	Întindeţi-vă vă rog pe canapea.
Your blood pressure is okay.	Tensiunea este bună.
I will give you an injection.	Vă fac o injecţie.
I will give you some pills.	Vă dau tablete.
I am giving you a prescription for the pharmacy.	Vă prescriu o reţetă pentru farmacie.

58 [fifty-eight]

58 [cincizeci şi opt]

Parts of the body

Părţile corpului omenesc

I am drawing a man.
First the head.
The man is wearing a hat.

Desenez un om.
Mai întâi capul.
Omul poartă o pălărie.

One cannot see the hair.
One cannot see the ears either.
One cannot see his back either.

Părul nu se vede.
Şi nici urechile nu se văd.
Nici spatele nu se vede.

I am drawing the eyes and the mouth.
The man is dancing and laughing.
The man has a long nose.

Desenez ochii şi gura.
Omul dansează şi râde.
Omul are un nas lung.

He is carrying a cane in his hands.
He is also wearing a scarf around his neck.
It is winter and it is cold.

Ţine un baston în mâini.
Poartă şi un fular în jurul gâtului.
Este iarnă şi este frig.

The arms are athletic.
The legs are also athletic.
The man is made of snow.

Braţele sunt puternice.
Şi picioarele sunt puternice.
Omul este din zăpadă.

He is neither wearing pants nor a coat.
But the man is not freezing.
He is a snowman.

Nu poartă pantaloni şi palton.
Dar omului nu-i este frig.
Este un om de zăpadă.

59 [fifty-nine]

59 [cincizeci şi nouă]

At the post office

La poştă

Where is the nearest post office?
Is the post office far from here?
Where is the nearest mail box?

Unde este următoarea poştă?
Este departe până la următoarea poştă?
Unde este următoarea cutie poştală?

I need a couple of stamps.
For a card and a letter.
How much is the postage to America?

Am nevoie de două timbre poştale.
Pentru o vedere şi o scrisoare.
Cât costă taxa poştală pentru America?

How heavy is the package?
Can I send it by air mail?
How long will it take to get there?

Cât de greu este coletul?
Pot să îl trimit par avion?
Cât durează până ajunge la destinaţie?

Where can I make a call?
Where is the nearest telephone booth?
Do you have calling cards?

De unde pot da un telefon?
Unde este următoarea cabină telefonică?
Aveţi cartele de telefon?

Do you have a telephone directory?
Do you know the area code for Austria?
One moment, I'll look it up.

Aveţi o carte de telefon?
Ştiţi prefixul Austriei?
Un moment, caut.

The line is always busy.
Which number did you dial?
You have to dial a zero first!

Linia este mereu ocupată.
Ce număr aţi format?
Trebuie să formaţi mai întâi zero!

60 [sixty]

60 [şaizeci]

At the bank

La bancă

I would like to open an account.	Doresc să deschid un cont.
Here is my passport.	Aici aveţi paşaportul meu.
And here is my address.	Şi aici este adresa mea.
I want to deposit money in my account.	Doresc să depun bani în contul meu.
I want to withdraw money from my account.	Doresc să ridic bani din contul meu.
I want to pick up the bank statements.	Doresc să ridic extrasele de cont.
I want to cash a traveller's cheque / traveler's check (am.).	Doresc să încasez un cec de călătorie.
What are the fees?	Cât de mari sunt comisioanele?
Where should I sign?	Unde trebuie să semnez?
I'm expecting a transfer from Germany.	Aştept un transfer din Germania.
Here is my account number.	Aici este numărul meu de cont.
Has the money arrived?	Au ajuns banii?
I want to change money.	Doresc să schimb aceşti bani.
I need US-Dollars.	Am nevoie de dolari americani.
Could you please give me small notes / bills (am.)?	Vă rog să-mi daţi bancnote mici.
Is there a cashpoint / an ATM (am.)?	Aveţi aici un automat de bani?
How much money can one withdraw?	Câţi bani se pot retrage?
Which credit cards can one use?	Ce fel de cărţi de credit se pot utiliza?

61 [sixty-one]

Ordinal numbers

61 [şaizeci şi unu]

Numere ordinale

The first month is January.
The second month is February.
The third month is March.

The fourth month is April.
The fifth month is May.
The sixth month is June.

Six months make half a year.
January, February, March,
April, May and June.

The seventh month is July.
The eighth month is August.
The ninth month is September.

The tenth month is October.
The eleventh month is November.
The twelfth month is December.

Twelve months make a year.
July, August, September,
October, November and December.

Prima lună este ianuarie.
A doua lună este februarie.
A treia lună este martie.

A patra lună este aprilie.
A cincea lună este mai.
A şasea lună este iunie.

Şase luni însumează o jumătate de an.
ianuarie, februarie, martie,
aprilie, mai şi iunie.

A şaptea lună este iulie.
A opta lună este august.
A noua lună este septembrie.

A zecea lună este octombrie.
A unsprezecea lună este noiembrie.
A douăsprezecea lună este decembrie.

Doisprezece luni însumează un an.
iulie, august, septembrie,
octombrie, noiembrie, decembrie.

62 [sixty-two]

Asking questions 1

62 [şaizeci şi doi]

Să pui întrebări 1

to learn Do the students learn a lot? No, they learn a little.	a învăţa Învaţă elevii mult? Nu, ei învaţă puţin.
to ask Do you often ask the teacher questions? No, I don't ask him questions often.	a întreba Îl întrebaţi des pe profesor? Nu, nu îl întreb des.
to reply Please reply. I reply.	a răspunde Răspundeţi, vă rog. Răspund.
to work Is he working right now? Yes, he is working right now.	a lucra El tocmai lucrează? Da, el tocmai lucrează.
to come Are you coming? Yes, we are coming soon.	a veni Veniţi? Da, venim imediat.
to live Do you live in Berlin? Yes, I live in Berlin.	a locui Locuiţi în Berlin? Da, locuiesc în Berlin.

63 [sixty-three]

63 [şaizeci şi trei]

Asking questions 2

Să pui întrebări 2

I have a hobby.
I play tennis.
Where is the tennis court?

Do you have a hobby?
I play football / soccer (am.).
Where is the football / soccer (am.) field?

My arm hurts.
My foot and hand also hurt.
Is there a doctor?

I have a car / an automobile.
I also have a motorcycle.
Where could I park?

I have a sweater.
I also have a jacket and a pair of jeans.
Where is the washing machine?

I have a plate.
I have a knife, a fork and a spoon.
Where is the salt and pepper?

Am o pasiune.
Eu joc tenis.
Unde este un teren de tenis?

Tu ai o pasiune?
Eu joc fotbal.
Unde este un teren de fotbal?

Mă doare braţul.
Piciorul şi mâna mă dor de asemenea.
Unde este medicul?

Am o maşină.
Am şi o motocicletă.
Unde este o parcare?

Am un pulover.
Am şi o jachetă şi o pereche de blugi.
Unde este o maşină de spălat?

Am o farfurie.
Am un cuţit, o furculiţă şi o lingură.
Unde găsesc sare şi piper?

64 [sixty-four]

64 [şaizeci şi patru]

Negation 1

Negaţie 1

I don't understand the word.
I don't understand the sentence.
I don't understand the meaning.

Nu înţeleg cuvântul.
Nu înţeleg propoziţia.
Nu înţeleg sensul.

the teacher
Do you understand the teacher?
Yes, I understand him well.

profesorul
Înţelegeţi ce spune profesorul?
Da, îl înţeleg bine.

the teacher
Do you understand the teacher?
Yes, I understand her well.

profesoara
Înţelegeţi ce spune profesoara?
Da, o înţeleg bine.

the people
Do you understand the people?
No, I don't understand them so well.

oamenii
Înţelegeţi ce spun oamenii?
Nu, nu-i înţeleg aşa de bine.

the girlfriend
Do you have a girlfriend?
Yes, I do.

prietena
Aveţi o prietenă?
Da, am una.

the daughter
Do you have a daughter?
No, I don't.

fiica
Aveţi o fiică?
Nu, nu am una.

65 [sixty-five]

65 [şaizeci şi cinci]

Negation 2

Negaţie 2

Is the ring expensive?
No, it costs only one hundred Euros.
But I have only fifty.

Este scump inelul?
Nu, nu costă decât o sută de Euro.
Dar eu am numai cincizeci.

Are you finished?
No, not yet.
But I'll be finished soon.

Eşti gata deja?
Nu, încă nu.
Dar imediat sunt gata.

Do you want some more soup?
No, I don't want anymore.
But another ice cream.

Mai doreşti supă?
Nu, nu mai doresc.
Dar încă o îngheţată.

Have you lived here long?
No, only for a month.
But I already know a lot of people.

Locuieşti de mult timp aici?
Nu, abia de o lună.
Dar cunosc deja multe persoane.

Are you driving home tomorrow?
No, only on the weekend.
But I will be back on Sunday.

Mergi mâine acasă?
Nu, numai la sfârşit de săptămână.
Dar mă întorc deja duminică.

Is your daughter an adult?
No, she is only seventeen.
But she already has a boyfriend.

Fiica ta este deja majoră?
Nu, are numai şaptesprezece ani.
Dar are deja un prieten.

66 [sixty-six]

66 [şaizeci şi şase]

Possessive pronouns 1

Pronume posesiv 1

I – my
I can't find my key.
I can't find my ticket.

you – your
Have you found your key?
Have you found your ticket?

he – his
Do you know where his key is?
Do you know where his ticket is?

she – her
Her money is gone.
And her credit card is also gone.

we – our
Our grandfather is ill.
Our grandmother is healthy.

you – your
Children, where is your father?
Children, where is your mother?

eu – al meu
Nu îmi găsesc cheile.
Nu îmi găsesc biletul de călătorie.

tu – al tău
Ţi-ai găsit cheile?
Ţi-ai găsit biletul de călătorie?

el – al lui
Ştii unde sunt cheile lui?
Ştii unde este biletul lui de călătorie?

ea – al ei
Banii ei au dispărut.
Şi cartea ei de credit a dispărut deasemenea.

noi – al nostru
Bunicul nostru este bolnav.
Bunica noastră este sănătoasă.

voi – al vostru
Copii, unde este tăticul vostru?
Copii, unde este mămica voastră?

67 [sixty-seven]

67 [şaizeci şi şapte]

Possessive pronouns 2

Pronume posesive 2

the glasses
He has forgotten his glasses.
Where has he left his glasses?

ochelarii
Şi-a uitat ochelarii.
Unde şi-a pus ochelarii?

the clock
His clock isn't working.
The clock hangs on the wall.

ceasul
Ceasul lui este stricat.
Ceasul atârnă pe perete.

the passport
He has lost his passport.
Where is his passport then?

paşaportul
Şi-a pierdut paşaportul.
Unde şi-a pus paşaportul?

they – their
The children cannot find their parents.
Here come their parents!

ei – al lor
Copiii nu îşi pot găsi părinţii.
Dar iată, vin părinţii lor!

you – your
How was your trip, Mr. Miller?
Where is your wife, Mr. Miller?

dumneavoastră – al dumneavoastră
Cum a fost excursia dumneavoastră domnule Müller?
Unde este soţia dumneavoastră domnule Müller?

you – your
How was your trip, Mrs. Smith?
Where is your husband, Mrs. Smith?

dumneavoastră – a dumneavoastră
Cum a fost excursia dumneavoastră doamnă Schmidt?
Unde este soţul dumneavoastră doamnă Schmidt?

68 [sixty-eight]

68 [şaizeci şi opt]

big – small

mare – mic

big and small
The elephant is big.
The mouse is small.

mare şi mic
Elefantul este mare.
Şoarecele este mic.

dark and bright
The night is dark.
The day is bright.

întunecat şi luminos
Noaptea este întunecată.
Ziua este luminoasă.

old and young
Our grandfather is very old.
70 years ago he was still young.

bătrân şi tânăr
Bunicul nostru este foarte bătrân.
În urmă cu 70 de ani era încă tânăr.

beautiful and ugly
The butterfly is beautiful.
The spider is ugly.

frumos şi urât
Fluturele este frumos.
Păianjenul este urât.

fat and thin
A woman who weighs a hundred kilos is fat.
A man who weighs fifty kilos is thin.

gras şi slab
O femeie la 100 de kilograme este grasă.
Un bărbat la 50 de kilograme este slab.

expensive and cheap
The car is expensive.
The newspaper is cheap.

scump şi ieftin
Maşina este scumpă.
Ziarul este ieftin.

69 [sixty-nine]

to need – to want to

69 [şaizeci şi nouă]

„a avea nevoie – a vrea”

I need a bed.	Am nevoie de un pat.
I want to sleep.	Vreau să dorm.
Is there a bed here?	Aveţi aici un pat?
I need a lamp.	Am nevoie de o lampă.
I want to read.	Vreau să citesc.
Is there a lamp here?	Aveţi aici o lampă?
I need a telephone.	Am nevoie de un telefon.
I want to make a call.	Vreau să dau un telefon.
Is there a telephone here?	Aveţi aici un telefon?
I need a camera.	Am nevoie de o cameră foto.
I want to take photographs.	Vreau să fotografiez.
Is there a camera here?	Aveţi aici o cameră foto?
I need a computer.	Am nevoie de un calculator.
I want to send an email.	Vreau să trimit un E-Mail.
Is there a computer here?	Aveţi aici un calculator?
I need a pen.	Îmi trebuie un pix.
I want to write something.	Vreau să scriu ceva.
Is there a sheet of paper and a pen here?	Aveţi aici o foaie de hârtie şi un pix?

70 [seventy]

70 [şaptezeci]

to like something

„a dori” ceva

Would you like to smoke?	Doriţi să fumaţi?
Would you like to dance?	Doriţi să dansaţi?
Would you like to go for a walk?	Doriţi să mergeţi la plimbare?
I would like to smoke.	Vreau să fumez.
Would you like a cigarette?	Vrei o ţigară?
He wants a light.	El vrea un foc.
I want to drink something.	Doresc să beau ceva.
I want to eat something.	Doresc să mănânc ceva.
I want to relax a little.	Doresc să mă odihnesc puţin.
I want to ask you something.	Doresc să vă întreb ceva.
I want to ask you for something.	Doresc să vă rog ceva.
I want to treat you to something.	Doresc să vă invit la ceva.
What would you like?	Ce doriţi vă rog?
Would you like a coffee?	Doriţi o cafea?
Or do you prefer a tea?	Sau doriţi mai bine un ceai?
We want to drive home.	Vrem să mergem acasă.
Do you want a taxi?	Vreţi un taxi?
They want to make a call.	Ei vor să dea un telefon.

71 [seventy-one]

to want something

71 [şaptezeci şi unu]

„a vrea” ceva

What do you want to do?	Ce vreţi?
Do you want to play football / soccer (am.)?	Vreţi să jucaţi fotbal?
Do you want to visit friends?	Vreţi să vizitaţi prieteni?
to want	a vrea
I don't want to arrive late.	Nu vreau să vin târziu.
I don't want to go there.	Nu vreau să merg acolo.
I want to go home.	Vreau să merg acasă.
I want to stay at home.	Vreau să rămân acasă.
I want to be alone.	Vreau să fiu singur.
Do you want to stay here?	Vrei să rămâi aici?
Do you want to eat here?	Vrei să mănânci aici?
Do you want to sleep here?	Vrei să dormi aici?
Do you want to leave tomorrow?	Vreţi să plecaţi mâine?
Do you want to stay till tomorrow?	Vreţi să rămâneţi până mâine?
Do you want to pay the bill only tomorrow?	Vreţi să plătiţi factura abia mâine?
Do you want to go to the disco?	Vreţi să mergeţi la discotecă?
Do you want to go to the cinema?	Vreţi să mergeţi la cinematograf?
Do you want to go to a café?	Vreţi să mergeţi la cafenea?

72 [seventy-two]

to have to do something / must

72 [şaptezeci şi doi]

„a trebui” ceva

must	a trebui
I must post the letter.	Trebuie să expediez scrisoarea.
I must pay the hotel.	Trebuie să plătesc hotelul.
You must get up early.	Trebuie să te scoli devreme.
You must work a lot.	Trebuie să lucrezi mult.
You must be punctual.	Trebuie să fii punctual.
He must fuel / get petrol / get gas (am.).	Trebuie să alimenteze.
He must repair the car.	Trebuie să repare maşina.
He must wash the car.	Trebuie să spele maşina.
She must shop.	Trebuie să facă cumpărături.
She must clean the apartment.	Trebuie să facă curat în locuinţă.
She must wash the clothes.	Trebuie să spele hainele.
We must go to school at once.	Trebuie să mergem imediat la şcoală.
We must go to work at once.	Trebuie să mergem imediat la serviciu.
We must go to the doctor at once.	Trebuie să mergem imediat la medic.
You must wait for the bus.	Trebuie să aşteptaţi autobuzul.
You must wait for the train.	Trebuie să aşteptaţi trenul.
You must wait for the taxi.	Trebuie să aşteptaţi taxiul.

73 [seventy-three] | 73 [şaptezeci şi trei]

to be allowed to | „a avea voie" ceva

Are you already allowed to drive? | Ai voie să conduci deja?
Are you already allowed to drink alcohol? | Ai voie să bei deja alcool?
Are you already allowed to travel abroad alone? | Ai voie să călătoreşti deja singur în străinătate?

may / to be allowed | a avea voie
May we smoke here? | Avem voie să fumăm aici?
Is smoking allowed here? | Se poate fuma aici?

May one pay by credit card? | Se poate plăti cu carte de credit?
May one pay by cheque / check (am.)? | Se poate plăti cu cec?
May one only pay in cash? | Se poate plăti numai cash?

May I just make a call? | Am voie să dau şi eu un telefon?
May I just ask something? | Am voie să întreb şi eu ceva?
May I just say something? | Am voie să spun şi eu ceva?

He is not allowed to sleep in the park. | Nu are voie să doarmă în parc.
He is not allowed to sleep in the car. | Nu are voie să doarmă în maşină.
He is not allowed to sleep at the train station. | Nu are voie să doarmă în gară.

May we take a seat? | Putem lua loc?
May we have the menu? | Ne daţi vă rugăm meniul?
May we pay separately? | Putem plăti separat?

74 [seventy-four]

74 [şaptezeci şi patru]

asking for something

a „cere” ceva

Can you cut my hair?
Not too short, please.
A bit shorter, please.

Mă puteţi tunde?
Nu prea scurt, vă rog.
Ceva mai scurt, vă rog.

Can you develop the pictures?
The pictures are on the CD.
The pictures are in the camera.

Puteţi developa pozele?
Pozele sunt pe CD.
Pozele sunt în aparatul foto.

Can you fix the clock?
The glass is broken.
The battery is dead / empty.

Îmi puteţi repara ceasul?
Sticla este spartă.
Bateria este goală.

Can you iron the shirt?
Can you clean the pants / trousers?
Can you fix the shoes?

Îmi puteţi călca cămaşa?
Îmi puteţi curăţa pantalonii?
Îmi puteţi repara pantofii?

Do you have a light?
Do you have a match or a lighter?
Do you have an ashtray?

Îmi daţi vă rog un foc?
Aveţi chibrite sau o brichetă?
Aveţi o scrumieră?

Do you smoke cigars?
Do you smoke cigarettes?
Do you smoke a pipe?

Fumaţi ţigări?
Fumaţi ţigarete?
Fumaţi pipă?

75 [seventy-five]

giving reasons 1

75 [şaptezeci şi cinci]

a „argumenta" ceva 1

Why aren't you coming?
The weather is so bad.
I am not coming because the weather is so bad.

De ce nu veniţi?
Vremea este aşa de rea.
Nu vin pentru că este vremea aşa de rea.

Why isn't he coming?
He isn't invited.
He isn't coming because he isn't invited.

De ce nu vine?
El nu este invitat.
El nu vine pentru că nu este invitat.

Why aren't you coming?
I have no time.
I am not coming because I have no time.

De ce nu vii?
Nu am timp.
Nu vin pentru că nu am timp.

Why don't you stay?
I still have to work.
I am not staying because I still have to work.

De ce nu rămâi?
Mai trebuie să lucrez.
Nu rămân pentru că mai trebuie să lucrez.

Why are you going already?
I am tired.
I'm going because I'm tired.

De ce plecaţi deja?
Sunt obosit.
Plec pentru că sunt obosit.

Why are you going already?
It is already late.
I'm going because it is already late.

De ce plecaţi deja?
Este deja târziu.
Plec pentru că deja este târziu.

76 [seventy-six]

76 [şaptezeci şi şase]

giving reasons 2

a „argumenta" ceva 2

Why didn't you come?	De ce nu ai venit?
I was ill.	Am fost bolnav.
I didn't come because I was ill.	Nu am venit pentru că am fost bolnav.
Why didn't she come?	De ce nu a venit?
She was tired.	Ea era obosită.
She didn't come because she was tired.	Ea nu a venit pentru că era obosită.
Why didn't he come?	De ce nu a venit?
He wasn't interested.	El nu avea chef.
He didn't come because he wasn't interested.	El nu a venit pentru că nu avea chef.
Why didn't you come?	De ce nu aţi venit?
Our car is damaged.	Maşina noastră este stricată.
We didn't come because our car is damaged.	Nu am venit pentru că maşina noastră este stricată.
Why didn't the people come?	De ce nu au venit oamenii?
They missed the train.	Au pierdut trenul.
They didn't come because they missed the train.	Nu au venit pentru că au pierdut trenul.
Why didn't you come?	De ce nu ai venit?
I was not allowed to.	Nu am avut voie.
I didn't come because I was not allowed to.	Nu am venit pentru că nu am avut voie.

77 [seventy-seven]

giving reasons 3

77 [şaptezeci şi şapte]

a „argumenta" ceva 3

Why aren't you eating the cake?
I must lose weight.
I'm not eating it because I must lose weight.

De ce nu mâncaţi tortul?
Trebuie să slăbesc.
Nu îl mănânc pentru că trebuie să slăbesc.

Why aren't you drinking the beer?
I have to drive.
I'm not drinking it because I have to drive.

De ce nu beţi berea?
Mai trebuie să conduc.
Nu o beau pentru că mai trebuie să conduc.

Why aren't you drinking the coffee?
It is cold.
I'm not drinking it because it is cold.

De ce nu bei cafeaua?
Este rece.
Nu o beau pentru că este rece.

Why aren't you drinking the tea?
I have no sugar.
I'm not drinking it because I don't have any sugar.

De ce nu bei ceaiul?
Nu am zahăr.
Nu îl beau pentru că nu am zahăr.

Why aren't you eating the soup?
I didn't order it.
I'm not eating it because I didn't order it.

De ce nu mâncaţi supa?
Nu am comandat-o.
Nu o mănânc pentru că nu am comandat-o.

Why don't you eat the meat?
I am a vegetarian.
I'm not eating it because I am a vegetarian.

De ce nu mâncaţi carnea?
Eu sunt vegetarian.
Nu o mănânc pentru că sunt vegetarian.

78 [seventy-eight]

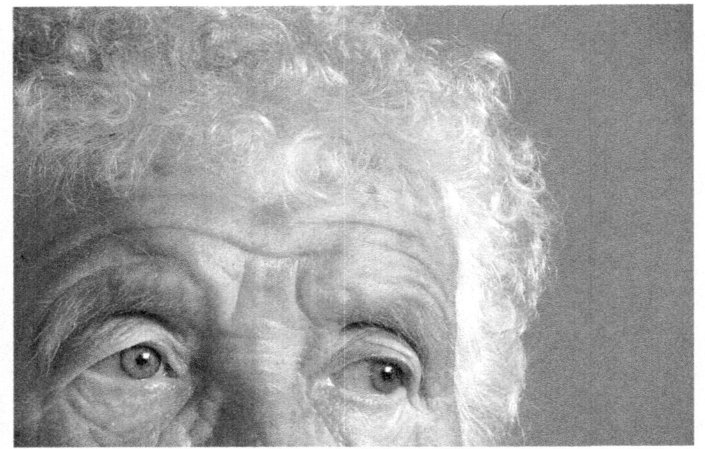

78 [şaptezeci şi opt]

Adjectives 1

Adjective 1

an old lady	o femeie bătrână
a fat lady	o femeie grasă
a curious lady	o femeie curioasă
a new car	o maşină nouă
a fast car	o maşină rapidă
a comfortable car	o maşină comodă
a blue dress	o rochie albastră
a red dress	o rochie roşie
a green dress	o rochie verde
a black bag	o poşetă neagră
a brown bag	o poşetă maro
a white bag	o poşetă albă
nice people	oameni drăguţi
polite people	oameni politicoşi
interesting people	oameni interesanţi
loving children	copii drăguţi
cheeky children	copii obraznici
well behaved children	copii cuminţi

79 [seventy-nine]

79 [şaptezeci şi nouă]

Adjectives 2

Adjective 2

I am wearing a blue dress.	Eu port o rochie albastră.
I am wearing a red dress.	Eu port o rochie roşie.
I am wearing a green dress.	Eu port o rochie verde.
I'm buying a black bag.	Cumpăr o poşetă neagră.
I'm buying a brown bag.	Cumpăr o poşetă maro.
I'm buying a white bag.	Cumpăr o poşetă albă.
I need a new car.	Îmi trebuie o maşină nouă.
I need a fast car.	Îmi trebuie o maşină rapidă.
I need a comfortable car.	Îmi trebuie o maşină confortabilă.
An old lady lives at the top.	Acolo sus locuieşte o femeie bătrână.
A fat lady lives at the top.	Acolo sus locuieşte o femeie grasă.
A curious lady lives below.	Acolo jos locuieşte o femeie curioasă.
Our guests were nice people.	Musafirii noştri au fost persoane drăguţe.
Our guests were polite people.	Musafirii noştri au fost persoane politicoase.
Our guests were interesting people.	Musafirii noştri au fost persoane interesante.
I have lovely children.	Eu am copii cuminţi.
But the neighbours have naughty children.	Dar vecinii au copii obraznici.
Are your children well behaved?	Copiii dumneavoastră sunt cuminţi?

80 [eighty]

Adjectives 3

80 [optzeci]

Adjective 3

She has a dog.
The dog is big.
She has a big dog.

Ea are un câine.
Câinele este mare.
Ea are un câine mare.

She has a house.
The house is small.
She has a small house.

Ea are o casă.
Casa este mică.
Ea are o casă mică.

He is staying in a hotel.
The hotel is cheap.
He is staying in a cheap hotel.

El locuieşte într-un hotel.
Hotelul este ieftin.
El locuieşte într-un hotel ieftin.

He has a car.
The car is expensive.
He has an expensive car.

El are o maşină.
Maşina este scumpă.
El are o maşină scumpă.

He reads a novel.
The novel is boring.
He is reading a boring novel.

El citeşte un roman.
Romanul este plictisitor.
El citeşte un roman plictisitor.

She is watching a movie.
The movie is exciting.
She is watching an exciting movie.

Ea vede un film.
Filmul este captivant.
Ea vede un film captivant.

81 [eighty-one]

81 [optzeci şi unu]

Past tense 1

Trecut 1

to write	a scrie
He wrote a letter.	El scria o scrisoare.
And she wrote a card.	Şi ea scria o vedere.
to read	a citi
He read a magazine.	El citea o ilustrată.
And she read a book.	Şi ea citea o carte.
to take	a lua
He took a cigarette.	El a luat o ţigară.
She took a piece of chocolate.	Ea a luat o bucată de ciocolată.
He was disloyal, but she was loyal.	El era infidel, dar ea era fidelă.
He was lazy, but she was hard-working.	El era leneş, dar ea era harnică.
He was poor, but she was rich.	El era sărac, dar ea era bogată.
He had no money, only debts.	El nu a avut bani, ci datorii.
He had no luck, only bad luck.	El nu a avut noroc, ci ghinion.
He had no success, only failure.	El nu a avut succes, ci insucces.
He was not satisfied, but dissatisfied.	El nu a fost mulţumit, ci nemulţumit.
He was not happy, but sad.	El nu a fost fericit, ci nefericit.
He was not friendly, but unfriendly.	El nu a fost simpatic, ci antipatic.

82 [eighty-two] | 82 [optzeci şi doi]

Past tense 2 | Trecut 2

Did you have to call an ambulance?	A trebuit să chemi o salvare?
Did you have to call the doctor?	A trebuit să chemi doctorul?
Did you have to call the police?	A trebuit să chemi poliţia?
Do you have the telephone number? I had it just now.	Aveţi numărul de telefon? Mai înainte îl aveam încă.
Do you have the address? I had it just now.	Aveţi adresa? Mai înainte o aveam încă.
Do you have the city map? I had it just now.	Aveţi harta oraşului? Mai înainte o aveam încă.
Did he come on time? He could not come on time.	A veni la timp? El nu a putut veni la timp.
Did he find the way? He could not find the way.	A găsit drumul? El nu a putut găsi drumul.
Did he understand you? He could not understand me.	Te-a înţeles? El nu m-a putut înţelege.
Why could you not come on time?	De ce nu ai putut veni la timp?
Why could you not find the way?	De ce nu ai putut găsi drumul?
Why could you not understand him?	De ce nu l-ai putut înţelege?
I could not come on time because there were no buses.	Nu am putut veni la timp deoarece nu a circulat nici un autobuz.
I could not find the way because I had no city map.	Nu am putut găsi drumul deoarece nu am avut o hartă a oraşului.
I could not understand him because the music was so loud.	Nu l-am putut înţelege deoarece muzica era aşa de tare.
I had to take a taxi.	A trebuit să iau un taxi.
I had to buy a city map.	A trebuit să cumpăr o hartă a oraşului.
I had to switch off the radio.	A trebuit să opresc radioul.

83 [eighty-three]

Past tense 3

83 [optzeci şi trei]

Trecut 3

to make a call	a vorbi la telefon
I made a call.	Am vorbit la telefon.
I was talking on the phone all the time.	Am vorbit tot timpul la telefon.
to ask	a întreba
I asked.	Am întrebat.
I always asked.	Am întrebat întotdeauna.
to narrate	a povesti
I narrated.	Am povestit.
I narrated the whole story.	Am povestit toată povestea.
to study	a învăţa
I studied.	Am învăţat.
I studied the whole evening.	Am învăţat toată seara.
to work	a lucra
I worked.	Am lucrat.
I worked all day long.	Am lucrat toată ziua.
to eat	a mânca
I ate.	Am mâncat.
I ate all the food.	Am mâncat toată mâncarea.

84 [eighty-four]

84 [optzeci şi patru]

Past tense 4

Trecut 4

to read	a citi
I read.	Am citit.
I read the whole novel.	Am citit tot romanul.
to understand	a înţelege
I understood.	Am înţeles.
I understood the whole text.	Am înţeles tot textul.
to answer	a răspunde
I answered.	Am răspuns.
I answered all the questions.	Am răspuns la toate întrebările.
I know that – I knew that.	Ştiu asta – am ştiut asta.
I write that – I wrote that.	Scriu asta – am scris asta.
I hear that – I heard that.	Aud asta – am auzit asta.
I'll get it – I got it.	Iau asta – am luat asta.
I'll bring that – I brought that.	Aduc asta – am adus asta.
I'll buy that – I bought that.	Cumpăr asta – am cumpărat asta.
I expect that – I expected that.	Aştept asta – am aşteptat asta.
I'll explain that – I explained that.	Explic asta – am explicat asta.
I know that – I knew that.	Cunosc asta – am cunoscut asta.

85 [eighty-five]

Questions – Past tense 1

85 [optzeci şi cinci]

Întrebări – Trecut 1

How much did you drink?	Cât aţi băut?
How much did you work?	Cât aţi muncit?
How much did you write?	Cât aţi scris?
How did you sleep?	Cum aţi dormit?
How did you pass the exam?	Cum aţi trecut examenul?
How did you find the way?	Cum aţi găsit drumul?
Who did you speak to?	Cu cine aţi vorbit?
With whom did you make an appointment?	Cu cine v-aţi dat întâlnire?
With whom did you celebrate your birthday?	Cu cine aţi sărbătorit ziua de naștere?
Where were you?	Unde aţi fost?
Where did you live?	Unde aţi locuit?
Where did you work?	Ce aţi lucrat?
What did you suggest?	Ce aţi recomandat?
What did you eat?	Ce aţi mâncat?
What did you come to know?	Ce aţi aflat?
How fast did you drive?	Cât de repede aţi condus?
How long did you fly?	Cât timp aţi zburat?
How high did you jump?	Cât de sus aţi sărit?

86 [eighty-six]

Questions – Past tense 2

86 [optzeci şi şase]

Întrebări – Trecut 2

Which tie did you wear?
Which car did you buy?
Which newspaper did you subscribe to?

Ce cravată ai purtat?
Ce maşină ai cumpărat?
La ce revistă te-ai abonat?

Who did you see?
Who did you meet?
Who did you recognize?

Pe cine aţi văzut?
Cu cine v-aţi întâlnit?
Pe cine aţi recunoscut?

When did you get up?
When did you start?
When did you finish?

Când v-aţi trezit?
Când aţi început?
Când v-aţi oprit?

Why did you wake up?
Why did you become a teacher?
Why did you take a taxi?

De ce v-aţi trezit?
De ce aţi devenit profesor?
De ce aţi luat un taxi?

Where did you come from?
Where did you go?
Where were you?

De unde aţi venit?
Unde aţi mers?
Unde aţi fost?

Who did you help?
Who did you write to?
Who did you reply to?

Cui i-ai ajutat?
Cui i-ai scris?
Cui i-ai răspuns?

87 [eighty-seven]

87 [optzeci şi şapte]

Past tense of modal verbs 1

Trecutul verbelor modale 1

We had to water the flowers.
We had to clean the apartment.
We had to wash the dishes.

A trebuit să udăm florile.
A trebuit să strângem în apartament.
A trebuit să spălăm vasele.

Did you have to pay the bill?
Did you have to pay an entrance fee?
Did you have to pay a fine?

A trebuit să plătiţi factura?
A trebuit să plătiţi intrare?
A trebuit să plătiţi o amendă?

Who had to say goodbye?
Who had to go home early?
Who had to take the train?

Cine a trebuit să îşi ia rămas bun?
Cine a trebuit să meargă devreme acasă?
Cine a trebuit să ia trenul?

We did not want to stay long.
We did not want to drink anything.
We did not want to disturb you.

Nu am vrut să stăm mult.
Nu am vrut să bem nimic.
Nu am vrut să deranjăm.

I just wanted to make a call.
I just wanted to call a taxi.
Actually I wanted to drive home.

Tocmai am vrut să dau un telefon.
Am vrut să comand un taxi.
Am vrut să mă duc acasă.

I thought you wanted to call your wife.
I thought you wanted to call information.
I thought you wanted to order a pizza.

Am crezut că vroiai să-ţi suni soţia.
Am crezut că vroiai să suni la informaţii.
Am crezut că vroiai să comanzi o pizza.

88 [eighty-eight]

88 [optzeci şi opt]

Past tense of modal verbs 2

Trecutul cu verbe modale 2

My son did not want to play with the doll.	Fiul meu nu a vrut să se joace cu păpuşa.
My daughter did not want to play football / soccer (am.).	Fiica mea nu a vrut să joace fotbal cu mine.
My wife did not want to play chess with me.	Soţia mea nu a vrut să joace şah cu mine.
My children did not want to go for a walk.	Copiii mei nu au vrut să se plimbe.
They did not want to tidy the room.	Nu au vrut să strângă în cameră.
They did not want to go to bed.	Nu au vrut să meargă în pat.
He was not allowed to eat ice cream.	Nu a avut voie să mănânce îngheţată.
He was not allowed to eat chocolate.	Nu a avut voie să mănânce ciocolată.
He was not allowed to eat sweets.	Nu a avut voie să mănânce bomboane.
I was allowed to make a wish.	Am avut voie să-mi doresc ceva.
I was allowed to buy myself a dress.	Am avut voie să-mi cumpăr o rochie.
I was allowed to take a chocolate.	Am avut voie să-mi iau o pralină.
Were you allowed to smoke in the airplane?	Ai avut voie să fumezi în avion?
Were you allowed to drink beer in the hospital?	Ai avut voie să bei bere în spital?
Were you allowed to take the dog into the hotel?	Ai avut voie să iei câinele cu tine în hotel?
During the holidays the children were allowed to remain outside late.	În vacanţe copiii aveau voie să stea mult afară.
They were allowed to play in the yard for a long time.	Aveau voie să se joace mult în curte.
They were allowed to stay up late.	Aveau voie să stea treji până târziu.

89 [eighty-nine] | 89 [optzeci şi nouă]

Imperative 1 | Imperativ 1

You are so lazy – don't be so lazy! | Eşti atât de leneş – nu mai fi atât de leneş!
You sleep for so long – don't sleep so late! | Dormi aşa de mult – nu mai dormi aşa de mult!
You come home so late – don't come home so late! | Vii prea târziu – nu mai veni aşa de târziu!

You laugh so loudly – don't laugh so loudly! | Râzi prea tare – nu mai râde aşa de tare!
You speak so softly – don't speak so softly! | Vorbeşti aşa de încet – nu mai vorbi aşa de încet!
You drink too much – don't drink so much! | Bei prea mult – nu mai bea aşa de mult!

You smoke too much – don't smoke so much! | Fumezi prea mult – nu mai fuma aşa de mult!
You work too much – don't work so much! | Munceşti prea mult – nu mai munci aşa de mult!
You drive too fast – don't drive so fast! | Conduci aşa de repede – nu mai condu aşa de repede!

Get up, Mr. Miller! | Ridicaţi-vă domnule Müller!
Sit down, Mr. Miller! | Aşezaţi-vă domnule Müller!
Remain seated, Mr. Miller! | Rămâneţi pe scaun domnule Müller!

Be patient! | Aveţi răbdare!
Take your time! | Lăsaţi-vă timp!
Wait a moment! | Aşteptaţi un moment!

Be careful! | Fiţi atent!
Be punctual! | Fiţi punctual!
Don't be stupid! | Nu fiţi prost!

90 [ninety]

Imperative 2

90 [nouăzeci]

Imperativ 2

Shave!	Bărbiereşte-te!
Wash yourself!	Spală-te!
Comb your hair!	Piaptănă-te!
Call!	Sună! Sunaţi!
Begin!	Începe! Începeţi!
Stop!	Termină! Terminaţi!
Leave it!	Lasă asta! Lăsaţi asta!
Say it!	Spune asta! Spuneţi asta!
Buy it!	Cumpără asta! Cumpăraţi asta!
Never be dishonest!	Să nu fii niciodată ipocrit!
Never be naughty!	Să nu fii niciodată obraznic!
Never be impolite!	Să nu fii niciodată nepoliticos!
Always be honest!	Să fii întotdeauna sincer!
Always be nice!	Să fii întotdeauna drăguţ!
Always be polite!	Să fii întotdeauna politicos!
Hope you arrive home safely!	Să ajungeţi cu bine acasă!
Take care of yourself!	Să aveţi grijă de dumneavoastră!
Do visit us again soon!	Să ne mai vizitaţi curând!

91 [ninety-one]

91 [nouăzeci şi unu]

Subordinate clauses: that 1

Propoziţii secundare cu că 1

Perhaps the weather will get better tomorrow.	Vremea va fi probabil mâine mai bună.
How do you know that?	De unde ştiţi asta?
I hope that it gets better.	Sper că va fi mai bine.
He will definitely come.	Vine sigur.
Are you sure?	Este sigur?
I know that he'll come.	Ştiu că vine.
He'll definitely call.	Sigur sună.
Really?	Adevărat?
I believe that he'll call.	Cred că el sună.
The wine is definitely old.	Vinul este cu siguranţă vechi.
Do you know that for sure?	Ştiţi asta exact?
I think that it is old.	Bănuiesc că este vechi.
Our boss is good-looking.	Şeful nostru arată bine.
Do you think so?	Credeţi?
I find him very handsome.	Cred că arată chiar foarte bine.
The boss definitely has a girlfriend.	Şeful are precis o prietenă.
Do you really think so?	Credeţi cu adevărat?
It is very possible that he has a girlfriend.	Este foarte posibil să aibă o prietenă.

92 [ninety-two]

Subordinate clauses: that 2

92 [nouăzeci şi doi]

Propoziţii secundare cu că 2

I'm angry that you snore.
I'm angry that you drink so much beer.
I'm angry that you come so late.

Mă supără că sforăi.
Mă supără că bei aşa de multă bere.
Mă supără că vii aşa târziu.

I think he needs a doctor.
I think he is ill.
I think he is sleeping now.

Cred că are nevoie de un medic.
Cred că este bolnav.
Cred că acum doarme.

We hope that he marries our daughter.
We hope that he has a lot of money.
We hope that he is a millionaire.

Sperăm să se căsătorească cu fiica noastră.
Sperăm să aibă mulţi bani.
Sperăm să fie milionar.

I heard that your wife had an accident.
I heard that she is in the hospital.
I heard that your car is completely wrecked.

Am auzit că soţia ta a avut un accident.
Am auzit că este internată în spital.
Am auzit că maşina ta este complet distrusă.

I'm happy that you came.
I'm happy that you are interested.
I'm happy that you want to buy the house.

Mă bucur că aţi venit.
Mă bucur că vă interesează.
Mă bucur că vreţi să cumpăraţi casa.

I'm afraid the last bus has already gone.
I'm afraid we will have to take a taxi.
I'm afraid I have no more money.

Mă tem că ultimul autobuz a plecat deja.
Mă tem că va trebui să luăm un taxi.
Mă tem că nu am bani la mine.

93 [ninety-three]

Subordinate clauses: if

93 [nouăzeci şi trei]

Propoziţii scundare cu sau

I don't know if he loves me.
I don't know if he'll come back.
I don't know if he'll call me.

Nu ştiu dacă mă iubeşte.
Nu ştiu dacă se întoarce.
Nu ştiu dacă mă sună.

Maybe he doesn't love me?
Maybe he won't come back?
Maybe he won't call me?

Oare mă iubeşte?
Oare vine înapoi?
Oare mă sună?

I wonder if he thinks about me.
I wonder if he has someone else.
I wonder if he lies.

Mă întreb dacă se gândeşte la mine.
Mă întreb dacă are pe altcineva.
Mă întreb dacă minte.

Maybe he thinks of me?
Maybe he has someone else?
Maybe he tells me the truth?

Oare se gândeşte la mine?
Oare are pe altcineva?
Oare spune adevărul?

I doubt whether he really likes me.
I doubt whether he'll write to me.
I doubt whether he'll marry me.

Mă îndoiesc că mă place cu adevărat.
Mă îndoiesc că îmi scrie.
Mă îndoiesc că se însoară cu mine.

Does he really like me?
Will he write to me?
Will he marry me?

Oare mă place cu adevărat?
Oare îmi scrie?
Oare se însoară cu mine?

94 [ninety-four]

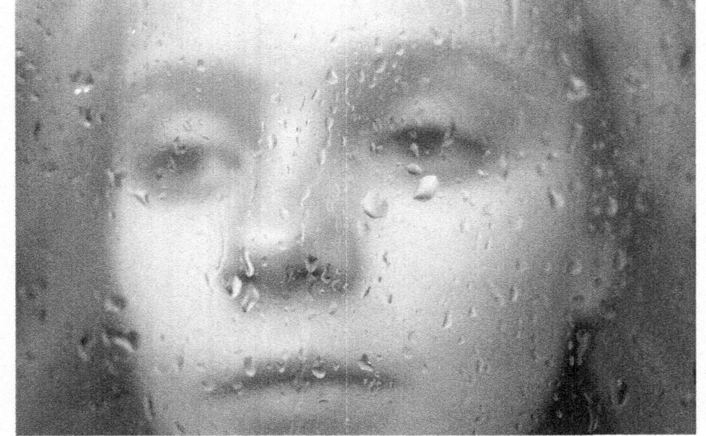

94 [nouăzeci şi patru]

Conjunctions 1

Conjuncţii 1

Wait until the rain stops.	Aşteaptă până se opreşte ploaia.
Wait until I'm finished.	Aşteaptă până e gata.
Wait until he comes back.	Aşteaptă până se întoarce.
I'll wait until my hair is dry.	Aştept până mi s-a uscat părul.
I'll wait until the film is over.	Aştept până se termină filmul.
I'll wait until the traffic light is green.	Aştept până se face verde la semafor.
When do you go on holiday?	Când mergi în concediu?
Before the summer holidays?	Încă înainte de vacanţa de vară?
Yes, before the summer holidays begin.	Da, încă înainte să înceapă vacanţa de vară.
Repair the roof before the winter begins.	Repară acoperişul înainte să vină iarna.
Wash your hands before you sit at the table.	Spală-te pe mâini înainte să te aşezi la masă.
Close the window before you go out.	Închide geamul înainte să ieşi.
When will you come home?	Când vii acasă?
After class?	După curs?
Yes, after the class is over.	Da, după ce se termină cursul.
After he had an accident, he could not work anymore.	După ce a avut un accident nu a mai putut lucra.
After he had lost his job, he went to America.	După ce şi-a pierdut slujba a plecat în America.
After he went to America, he became rich.	După ce a plecat în America s-a îmbogăţit.

95 [ninety-five]	95 [nouăzeci şi cinci]
Conjunctions 2	Conjuncţii 2

Since when is she no longer working? | De când nu mai lucrează?
Since her marriage? | De la nunta ei?
Yes, she is no longer working since she got married. | Da, nu mai lucrează de când s-a căsătorit.

Since when is she no longer working?	De când nu mai lucrează?
Since her marriage?	De la nunta ei?
Yes, she is no longer working since she got married.	Da, nu mai lucrează de când s-a căsătorit.
Since she got married, she's no longer working.	De când s-a căsătorit, nu mai lucrează.
Since they have met each other, they are happy.	De când se cunosc, sunt fericiţi.
Since they have had children, they rarely go out.	De când au copii, ies rar în oraş.
When does she call?	Când vorbeşte la telefon?
When driving?	În timpul drumului?
Yes, when she is driving.	Da, în timp ce conduce.
She calls while she drives.	Vorbeşte la telefon în timp ce conduce.
She watches TV while she irons.	Se uită la televizor în timp ce calcă.
She listens to music while she does her work.	Ascultă muzică în timp ce-şi face lecţiile.
I can't see anything when I don't have glasses.	Nu văd nimic dacă nu am ochelari.
I can't understand anything when the music is so loud.	Nu înţeleg nimic dacă muzica este aşa tare.
I can't smell anything when I have a cold.	Nu miros nimic dacă sunt răcit.
We'll take a taxi if it rains.	Luăm un taxi dacă plouă.
We'll travel around the world if we win the lottery.	Călătorim în jurul lumii dacă câştigăm la loto.
We'll start eating if he doesn't come soon.	Începem să mâncăm dacă nu vine în curând.

96 [ninety-six]

Conjunctions 3

96 [nouăzeci şi şase]

Conjuncţii 3

I get up as soon as the alarm rings.
I become tired as soon as I have to study.
I will stop working as soon as I am 60.

Mă trezesc imediat ce sună ceasul deşteptător.
Obosesc imediat ce trebuie să învăţ.
Încetez să mai lucrez imediat ce am împlinit 60 de ani.

When will you call?
As soon as I have a moment.
He'll call, as soon as he has a little time.

Când sunaţi?
Imediat ce am un moment de timp.
El sună imediat ce are puţin timp.

How long will you work?
I'll work as long as I can.
I'll work as long as I am healthy.

Cât timp veţi lucra?
Voi lucra atâta timp cât pot.
Voi lucra atâta timp cât sunt sănătos.

He lies in bed instead of working.
She reads the newspaper instead of cooking.
He is at the bar instead of going home.

El stă în pat în loc să lucreze.
Ea citeşte ziarul în loc să gătească.
Stă în cârciumă, în loc să meargă acasă.

As far as I know, he lives here.
As far as I know, his wife is ill.
As far as I know, he is unemployed.

Din câte ştiu, locuieşte aici.
Din câte ştiu, soţia lui este bolnavă.
Din câte ştiu, este şomer.

I overslept; otherwise I'd have been on time.
I missed the bus; otherwise I'd have been on time.
I didn't find the way / I got lost; otherwise I'd have been on time.

Nu m-am trezit la timp, altfel aş fi fost punctual.
Am pierdut autobuzul, altfel aş fi fost punctual.
Nu am găsit drumul, altfel aş fi fost punctual.

97 [ninety-seven]

97 [nouăzeci şi şapte]

Conjunctions 4

Conjuncţii 4

He fell asleep although the TV was on.
He stayed a while although it was late.
He didn't come although we had made an appointment.

El a adormit, deşi televizorul era pornit.
El a mai rămas, deşi era deja târziu.
El nu a venit, deşi ne-am dat întâlnire.

The TV was on. Nevertheless, he fell asleep.
It was already late. Nevertheless, he stayed a while.
We had made an appointment. Nevertheless, he didn't come.

Televizorul era pornit. Totuşi el a adormit.
Era deja târziu. Totuşi el a mai rămas.
Ne-am dat întâlnire. Totuşi el nu a venit.

Although he has no license, he drives the car.
Although the road is slippery, he drives so fast.
Although he is drunk, he rides his bicycle.

Cu toate că nu are permis, conduce maşina.
Cu toate că strada este alunecoasă, el conduce repede.
Cu toate că este beat, merge cu bicicleta.

Despite having no licence / license (am.), he drives the car.
Despite the road being slippery, he drives fast.
Despite being drunk, he rides the bike.

El nu are permis de conducere. Totuşi conduce maşina.
Strada este alunecoasă. Totuşi conduce aşa repede.
El este beat. Totuşi merge cu bicicleta.

Although she went to college, she can't find a job.
Although she is in pain, she doesn't go to the doctor.
Although she has no money, she buys a car.

Deşi a studiat, nu găseşte un post.
Deşi are dureri, ea nu merge la medic.
Deşi nu are bani, ea cumpără o maşină.

She went to college. Nevertheless, she can't find a job.
She is in pain. Nevertheless, she doesn't go to the doctor.
She has no money. Nevertheless, she buys a car.

Ea a studiat. Totuşi nu găseşte un post.
Ea are dureri. Totuşi nu merge la medic.
Ea nu are bani. Totuşi cumpără o maşină.

98 [ninety-eight]

98 [nouăzeci şi opt]

Double connectors

Conjuncţii duble

The journey was beautiful, but too tiring.
The train was on time, but too full.
The hotel was comfortable, but too expensive.

Călătoria a fost frumoasă, dar prea obositoare.
Trenul a fost punctual, dar prea aglomerat.
Hotelul a fost confortabil, dar prea scump.

He'll take either the bus or the train.
He'll come either this evening or tomorrow morning.
He's going to stay either with us or in the hotel.

Ia sau autobuzul sau trenul.
Vine ori în seara asta ori mâine dimineaţă.
Locuieşte sau la noi sau la hotel.

She speaks Spanish as well as English.
She has lived in Madrid as well as in London.
She knows Spain as well as England.

Vorbeşte atât spaniolă cât şi engleză.
A trăit atât în Madrid cât şi în Londra.
Cunoaşte atât Spania cât şi Anglia.

He is not only stupid, but also lazy.
She is not only pretty, but also intelligent.
She speaks not only German, but also French.

Nu este numai prost, ci şi leneş.
Nu este numai drăguţă, ci şi inteligentă.
Nu vorbeşte numai germană, ci şi franceză.

I can neither play the piano nor the guitar.
I can neither waltz nor do the samba.
I like neither opera nor ballet.

Nu pot să cânt nici la pian nici la chitară.
Nu pot dansa nici vals nici samba.
Nu îmi place nici operă nici balet.

The faster you work, the earlier you will be finished.
The earlier you come, the earlier you can go.
The older one gets, the more complacent one gets.

Cu cât lucrezi mai repede, cu atâta termini mai repede.
Cu cât vii mai repede, cu atâta poţi să pleci mai repede.
Cu cât devii mai în vârstă, cu atât devii mai comod.

99 [ninety-nine]

99 [nouăzeci şi nouă]

Genitive

Genitiv

my girlfriend's cat	pisica prietenei mele
my boyfriend's dog	câinele prietenului meu
my children's toys	jucăriile copiilor mei
This is my colleague's overcoat.	Acesta este paltonul colegului meu.
That is my colleague's car.	Aceasta este maşina colegei mele.
That is my colleagues' work.	Asta este munca colegilor mei.
The button from the shirt is gone.	Nasturele de la cămaşă s-a descusut.
The garage key is gone.	Cheia de la garaj a dispărut.
The boss' computer is not working.	Calculatorul şefului este stricat.
Who are the girl's parents?	Cine sunt părinţii fetei?
How do I get to her parents' house?	Cum ajung la casa părinţilor ei?
The house is at the end of the road.	Casa este amplasată la capătul străzii.
What is the name of the capital city of Switzerland?	Cum se numeşte capitala Elveţiei?
What is the title of the book?	Care este titlul cărţii?
What are the names of the neighbour's / neighbor's (am.) children?	Cum se numesc copiii vecinilor?
When are the children's holidays?	Când sunt vacanţele şcolare ale copiilor?
What are the doctor's consultation times?	Când sunt orele de vizită ale doctorului?
What time is the museum open?	Care sunt orele de deschidere ale muzeului?

100 [one hundred]

Adverbs

100 [o sută]

Adverbe

already – not yet
Have you already been to Berlin?
No, not yet.

someone – no one
Do you know someone here?
No, I don't know anyone here.

a little longer – not much longer
Will you stay here a little longer?
No, I won't stay here much longer.

something else – nothing else
Would you like to drink something else?
No, I don't want anything else.

something already – nothing yet
Have you already eaten something?
No, I haven't eaten anything yet.

someone else – no one else
Does anyone else want a coffee?
No, no one else.

deja odată – încă niciodată
Aţi fost deja odată la Berlin?
Nu, încă niciodată.

cineva – nimeni
Cunoaşteţi aici pe cineva?
Nu, nu cunosc pe nimeni / nimenea aici.

încă – nu mai
Rămâneţi încă mult timp aici?
Nu, nu mai rămân mult timp aici.

încă ceva – nimic altceva
Mai doriţi să beţi ceva?
Nu, nu mai doresc nimic.

deja ceva – încă nimic
Aţi mâncat deja ceva?
Nu, n-am mâncat încă nimic.

încă cineva – nimeni altcineva
Mai doreşte cineva o cafea?
Nu, nimeni altcineva.

Made in the USA
Monee, IL
03 September 2021